枫吟唐韵——芸香诗社诗词选第二辑
Taditional Chinese Poetry Yunxiang Club II

枫吟唐韵

芸香诗社诗词选
第二辑

Traditional Chinese Poetry
Yunxiang Club
II

Acer Books

枫吟唐韵——芸香诗社诗词选第二辑（红枫诗歌丛书之二）

作者：陈鹃，姜国娟，罗晓军，马新云，荣丽玮，宋兰，王瑞文，
　　　吴晔，许志军，杨延颖，郑林芳，朱九如，唐浩翔

编辑：马新云
封面摄影：子健
出版：Acer Books

书号：978-1-0692408-2-8

红枫诗歌丛书
主编：陶志健

Taditional Chinese Poetry Yunxiang Club II (Acer Poetry 2)
Editor: Ma Xinyun
Cover Photo: Zijian
Publisher: Acer Books

ISBN：978-1-0692408-2-8

Acer Poetry（Series）
Editor-in-Chief: Tao Zhijian

Copyright © 2025 Acer Books

All rights reserved. No part of this book, except contents in the public domain, may be reproduced or used in any manner without the prior written permission of the copyright owner, except for the use of brief quotations in critical articles and book reviews.
mail: acerbookscanada@gmail.com

目 录

枫叶如霞诗梦乡 1
爱上创作格律诗词的缘起 5
陈鹃诗词集 8
姜国娟诗词集 22
罗晓军诗词集 43
马新云诗词集 61
荣丽玮诗词集 82
宋兰诗词集 98
王瑞文诗词集 110
吴晔诗词集 134
许志军诗词集 146
杨延颖诗词集 167
郑林芳诗词集 173
朱九如诗词集 199
唐浩翔诗词集 215
一词一句总关情 233
有一种诗情画意叫芸香 236

枫叶如霞诗梦乡

——序《枫吟唐韵》

江少川

编者按：此序是江少川教授为《枫吟唐韵》第一辑出版之序，此次《枫吟唐韵》第二辑出版，有幸征得江少川教授首肯，再次为序。

2020年秋，我拟写一篇关于海外华人古体诗词创作的文章，特向郑南川先生求助，帮我推荐加拿大华人诗歌社团与诗词作品，他大力支持，随即推荐了好几位诗人的诗作，还特别请新云女士推介蒙特利尔"芸香诗社"及其诗友的诗作。由此我初步了解到这个诗社的简况，读到部分诗人的诗词。2021年夏，新云女士寄来她出版的诗词集《恋曲七十弦》，读后一阵惊喜，为她在诗词麦田勤奋耕耘所下的功夫而感动。2022年春，我向新云女士建议，芸香诗社的诗友可考虑出一本诗词合集。2024年伊始，她告我：有三位诗人的个人诗集已经付梓，十二位诗人的诗词合集也已完成，并约请我写序，得知此讯非常兴奋，欣然应诺。

在当今全球化时代，人曰：有海水的地方就有华人，我添加一句，有华人的地方就有中华古体诗词。远在加拿大蒙特利尔的芸香诗社，不就是北美海水边的一个"睢园"

或"兰亭"吗?"芸香"诗社,社名"芸香"者,芸草之芳香也,既是高洁人格和品行的象征,亦是中华古体诗词海外远播之喻也。诗人们因诗心而结缘,因诗缘而结诗社,芸香诗社是一个民间诗歌团体,也是一个诗歌沙龙,结社八年,有宗旨、社规,专攻中华古体诗词写作。该社以女子诗人为主体,并吸收男诗友加盟。结社至今,经常举办各种诗词创作活动,聚餐赏荷观枫咏秋,命题唱和,且"每每诗词唱和成集"。尤其令人惊异的是,还别出心裁地举行过英译汉格律诗词抢答比赛,这在国内似乎还都没有见到过。八年中,诗社举办过三届"芸香"诗社诗词大赛。疫情期间还多次举办线上诗会,吟咏唱和新作。芸香诗社丰富多姿、新意迭出的诗词活动,令人浮想联翩,古代竹林七贤、兰亭文人墨客、还有《红楼梦》大观园海棠诗社的金陵姊妹们是否会想到:千百年之后的海外北美洲之蒙城竟然会有家诗社的炎黄子孙向诗家先贤挥动枫枝招手?

诗集《枫吟唐韵》的书名,既富中国古典诗词情韵、又具加拿大国之风情。枫者,加国之国树也,唐韵者,中华诗词天籁之音的极致也。此诗集名,把海外游子在地写作的"枫吟"与代表古典诗歌最高成就的唐诗浓缩在"枫吟唐韵"的四个字之内,中西交融、诗意盎然,意味无穷。

诗集所选十二位诗人的古体诗词,品类多样。内涵丰富:或怀乡思亲、咏海外人生,或关怀现实时事、歌咏大自然,或唱和友人、题画配景,形式上从古体诗的四言五言七言诗到近体的五七言绝句、律诗,还有长中短调的词作。各种诗词形式齐备，古风味浓郁，注重平仄押韵，讲究对仗工整，追求意境悠远，可谓古瓶装美酒，旧体出新意，读来别有滋味。可以看出他们深厚的古典文学修养。诗词集中，粗略统计，选有百首以上诗词的作者竟占诗人中的中三分之一，创作勤奋，成果客观。在我写的《海水浪浪：中华古体诗词之花绽放海外》一文中，评点了唐伟滨、陆蔚青、马新云三位诗人的诗词，皆为芸香诗社诗词精品之作。这次得知三位诗人皆有个人诗词集问世，甚感欣慰。

　　诗集《枫吟唐韵》是诗社十二位诗人之结晶。看得出来，诗人中习古体诗词之时间长短不等，写作经验、技艺风格也各有差异，但表达出一个共同心愿：即对中华古体诗词之敬畏与挚爱，对中华诗词之美的追寻。这是海外华人的一种文学情怀，一种文化品格，更是诗人精神之皈依，"诗最重要的任务是塑造精神生活"（特朗斯特罗姆语），追寻中华文化之根，传承中华人文精神的血脉。

　　古体诗词是中国化的格律诗，被誉为中国之国粹，乃中华文化之瑰宝。正如十四行诗之于英国，俳句诗之于日本一样，高雅之极。中国传统诗词所具之生命意识，中和之美，人文精神，审美情韵等，自成体系，这在世界上无与伦比。在异域他乡的非母语国度，海外华人用方块字写作，坚守华语诗歌的园地，用古体诗抒发现代人的情感，"不为稻粱谋"，不求功名利禄，实在不容易。西方的同事、朋友，不知道他们是诗人，甚至连自己的孩子也看不懂这类古体诗词，然而他们乐此不疲，执着自信，初心不改。对海外痴迷诗词写作的诗友，我素来怀有崇敬、钦佩之情。

在当今地球村华人文学的视域中，衷心期望芸香诗社的诗人，坚守中华诗词这块麦田，在诗歌园地上继续深耕，视野更加开阔、格局更为大气，艺术上精湛出新。从思想内容到艺术形式上，有所创新与突破，"满眼生机转化钧，天工人巧日争新"（清·赵翼），创作出新时代的古体诗词。宋代王禹偁称赞杜甫说"子美集开新世界"，我热切期望蒙特利尔的诗人开辟出诗歌新天地，"一语天然万古新"（元好问），"凌云健笔意纵横"（杜甫）。

2024 年 3 月 28 日于武汉桂子山华中师范大学

作者简介

江少川，华中师范大学文学院教授，武昌首义学院中文系特聘教授，硕士生导师。中国世界华文文学学会荣誉副监事长。研究方向：写作学、台港澳文学与海外华文文学。著作有《现代写作精要》《解读八面人生——评高阳历史小说》《台港澳文学论稿》《海山苍苍——海外华裔作家访谈录》《海外湖北作家小说研究》《华文文学在场——江少川选集》，主编有《台港澳暨海外华文文学教程》《写作》《高等语文》等著作教材十多部。曾获海内外文学奖项。

爱上创作格律诗词的缘起

郑林芳

编者按：二零二四年春，芸香诗社出版了《枫吟唐韵》第一辑合订本，此文是作者在新书发布会上代表所有参与者的发言。

我们这本《枫吟唐韵》（第一辑）收集了"芸香诗社"十二位志同趣合的诗友八年来创作的数百首格律诗词，不敢说全部是珠玑金玉，但每首一定是有感而发真情所致，是经过精雕细琢格律检验的心血作品。而且，我们还很荣幸地邀请到了中国华中师大古典文学系江少川教授为本书写序。书名《枫吟唐韵》含有加拿大的华人在枫叶之国吟诵和创作中国古典诗词之意。

今天我作为《枫吟唐韵》诸作者的代表来谈谈我爱上创作格律诗词的缘起。

从小我就喜爱诵读韵律优美的文字。而爱上中国古诗词是因为2018年观看央视的中国诗词大会节目，当时深深地被古典诗词的美所震撼和感动，而一发不可收。之后几乎每天都在YouTube上搜索与诗词相关的视频，如：河北卫视的《中华好诗词》，央视的《百家讲坛》和台湾大学公开课中的中国古典文学诗词赏析讲座。从此我对康

爱上创作格律诗词的缘起

震、蒙曼、王立群、郦波、叶嘉莹、戴建业、欧丽娟、蒋勋等古典文学美学导师大咖的膜拜就取代了对影视歌坛明星的追捧。

苏东坡曾说作诗是余事，我就是在工作和完成家务之余开始，一句两句地学凑五言七言诗。那时以为每句末找个韵母相同的字，就是一首有韵律古体诗了。后来才知道，我这些诗几乎没有一首完全符合格律诗标准。创作格律诗词的缘起是2018年我加入"芸香雅舍"微信群，在马新云大姐和其他较早入群的诗友们指导帮助下，才算真正开始创作格律诗词，开始戴着脚镣跳舞，开始炼字琢句，开始平仄合律。刚戴脚镣时虽沉重痛苦，但殊不知，这脚镣就如生产中的规则规范一样，是做出精美优质产品的前提和保证。久而久之，在有了百余首的创作练习之后，我写的诗词就符合格律，且更有古韵之美了。

有人对学写格律诗词不以为然，认为是附庸风雅矫情造作。而我相信余华的话"人生的价值是属于自己的感受，不属于别人的看法"。在学习创作格律诗词时，我们咏大唐李杜元白之雅韵，我们赏大宋苏辛清照之清音，就仿佛与古代文人墨客们在隔世相会，跨空交流。诗词之美滋养着我的心灵，提振着我的精神，这是属于我个人的真切感受。而且写诗词虽然主观是为了悦己修心，但客观上也一定程度弘扬传承了中华传统文化和国学精华，个人价值社会价值在创作过程中同时都应会有所实现。

中国古典诗词就象是我生命中的一团火一盏灯，当我情绪低落悲郁时，当生活枯燥平庸时，只要想起还有诗词可读赏，我就一下会被点燃照亮，精神上又有了支撑。业余的习作和与诗友的探讨交流聚会活动，更使我的生活丰富多彩起来。我想读写格律诗词应该是我的宿命，亦是我人生意义中的一重。若说人生本质是空，格律诗词却是我当前可触的"实"，可让我"依依长伴对虚空"（我写的一首七绝中的最后一句）；若说人终将是孤独的，那么诗词之中"自有清风拂寂寥"（亦是我写的另首七绝中的末句）。

海德格尔提倡诗意地栖居，我认为读写古典诗词就是诗意的生存方式之一。

亲情、友情、乡情、恋情、欢情、悲情，只要是真情实感，都可以和值得以诗词这种优雅的形式抒发。我会在平凡的生活中不断去感知真善美，继续格律诗词的学习和创作，"拾取片片再写痴"（我写的一首词的末句）。

我写诗词纯粹一直是为了抒情释怀，还未想过出集出书。这次能与其他十一位诗友集篇成册实属意外之喜。

此处还必须提一下，这本书的组稿编辑工作都是由马新云大姐和陶志健老师督促完成，再次衷心感谢他们的辛勤付出！

在此恭贺我们的红枫系列丛书出版成功！并预祝丛书大卖！

2024 年 5 月 15 日

陈鹃诗词集

陈鹃，格律诗词曾发表在《华侨新报》《七天报》，2019年《齐鲁文学》上、下卷，2020年《齐鲁文学》春之卷、秋之卷，"魁北克诗词研究会"网站，《华侨新视野》《望岳海外书院》公众号等报纸网络上。2024年参与《枫吟唐韵》诗词集新书，集成《陈鹃诗词集》。

　　诗观：诗词，除了外面的热闹和风雨外，给予我一方内心独白之处。

【五绝】梅兰竹菊四则

（一）双色梅
遥观双色异，近赏一枝同。
绛雪含春竞，清芬共晚风。

（二）春兰
谷隐暗香生，庭移素影横。
天涯多少事，任去不相争。

（三）竹
气节长衣翠，清姿剑叶青。
虚怀霄汉志，铮骨破岩屏。

（四）菊
凌霜静自开，饮露伴秋来。
浅笑嫣妆俏，无心自傲魁。

【五绝】阮
半坐绣墩稳，揽琴入掌中。
宫角纤指理，弦扫起春风。

【五绝】不寐
辗转夜难眠，悠悠缘未诠。
强吟寻旧句，搁笔冷空笺。

【五绝】问
尘机可问谁？鬓白几时窥？
叶落风何往？云深雀不知。

 陈娟

【五绝】初春
当窗枝颤影,未觉暖风来。
忽见苔痕绿,知言丽色回。

【五绝】两地旅程
万里浮烟霭,长天两片云。
才闻楠树味,复见雪纷纷。

【五绝】题图
皓腕纤葱指,烟霞晕粉腮。
绮窗春未透,梅吐故人来。
注:赏福雷斯特极简画右手托腮的女孩。

【五律】武汉东湖
千顷碧波漾,秀居江汉东。
听涛吟楚韵,落雁沐荆风。
夏菖迎天俏,冬梅傲雪红。
春樱秋桂盛,四季画图中。

【五律】荷
碧水摇清影,亭亭映绿波。
风来香暗送,雨过露新磨。
四五青蛙隐,二三沙鹭罗。
幽幽池上趣,自古爱其多。

【五律】蒙城初春
（步韵敬和杜甫春夜喜雨）
残雪尚留迹，迎春初雨生。
冲堤冰有响，润石藓无声。
老港琴喧密，糖坊烛火明。
暮登皇岭上，新翠点蒙城。

【五律】咏李白
仗剑出巴山，荆门望楚关。
孤帆映吴越，双燕点霞湾。
欲上九重阙，空遗瑶水间。
醉书川与月，千载照尘寰。
注：霞湾指李白和妻子在安陆居住时泛舟湖上。

【五律】咏杜甫
胸怀天下稷，羁旅一沙鸥。
直笔载诗史，丹心谏国谋。
搔头稀发白，眺远暮云愁。
烽火孤舟系，精魂立万秋。

【五律】赏读"兰亭集序"
癸丑永和春，群贤修禊辰。
觞流浮曲水，竹翠映清沦。
茧纸鼠须染，幽情醉墨真。
序章千载在，犹耀瀚华新。

陈娟

【五律】蒙特利尔之春
迟迟冬去也，旧雪孕新蘅。
柳嫩扶风舞，凫闲试水鸣。
丁香邀访客，恋蝶驻芳琼。
莫负春时短，当珍丽景程。

【五律】蒙特利尔之夏
云清日照延，满巷锦衣鲜。
翠绿林间郁，新红小院嫣。
弦酬河畔月，盏沸市楼烟。
但纵逍遥尽，人生肆意旋。

【五律】蒙特利尔之秋
九月天高迥，炎收始觉凉。
钟声凝白露，绿顶镀新霜。
叶沸千山赤，瓜煨满院芳。
长空排雁阵，独缺桂花觞。

【五律】蒙特利尔之冬
一夜卷红黄，西风把景藏。
枝空无雀卧，树老有琼镶。
素练劳河白，悬星颤夜苍。
何追春讯息，雪地稚童忙。

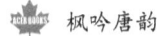

【七绝】八月游山
一岭青枝养目明,千章华盖直竿擎。
忽听飒飒穿林响,原是浮云化雨行。

【七绝】赏"庐山高图"有感
千山万壑尺图中,飞瀑流泉荡雾濛。
阅尽人间兴废事,独留浩气那年风。

【七绝】夏日
小园静坐独观花,远岫云移落日斜。
恍恍未知身是处,回望推扇乃吾家。

【七绝】依韵敬和梅尧臣答范天民
自来贤者重清尘,谁见千秋万古身?
且种梅花一杯酒,浮光尽拭显归真。

【七绝】五子棋
黑白平分两片天,各支星斗写牵连。
静心巧把玄机隐,一子封喉日月宣。

【七绝】风
二月吹开花万朵,朱明拗竹破云裁。
金天漫染黄金色,扫尽玄冰自往来。

陈娟

【七绝】桂花
身轻色淡性偏柔,懒共春光竞仲秋。
廿载还乡酣梦里,息间尚有冷香流。

【七绝】雪
瑶姬一夜撕云碎,散撒人间筑玉台。
万户银装深巷静,樱珠数点缀冰腮。

【七绝】月
万里长飞倦旅人,悬窗许我一冰轮。
同为李白当年月,独照浮沤两度身。

【七律】寻丁香偶得海棠
最喜江南梅雨细,可循曲径觅幽芳。
低眉细嗅紫丁味,举目躬亲倩影妆。
乍见惊娆天霁缕,端详又衮海棠墙。
东君赠我双姝韵,一树胭脂一树香。

【七律】立秋小聚
轻收溽暑凉风起,有约姗姗日渐斜。
倚树闲观堤柳景,傍池趣探野凫家。
蓝裙漫舞眉间醉,旧曲随吟颊上霞。
不计营营平昔事,青春追忆忘年华。

【七律】忆江南梅雨日
最喜江南梅雨至，闲循曲径觅幽芳。
低眉细嗅紫丁味，举目贪看玉影妆。
忽见妍妍霞万缕，原为灼灼海棠墙。
东君赠我双姝韵，一树胭脂一树香。

【七律】三月西安古城游
巍巍龙阙屹秦川，惯见十三沧海田。
灰瓦青砖留史记，箭楼雉堞证烽烟。
阳熔古壁朝云里，雨浥渭城迟暮边。
功过千秋归一叹，还看后叶写新篇。

【七律】赏古琴曲"高山流水"
清越弦生万壑秋，冲开千古绝尘浮。
巍巍岱岳云中寂，飒飒松风涧底幽。
流水汤汤归瀚海，知音渺渺驾孤舟。
曲终仍觉青山在，空谷无声意不休。

【七律】咏人间有味是清欢得欢字
人间有味是清欢，拥朴还真川壑宽。
遍赏万花开复落，闲看云岫转回桓。
新茶榆火平肠暖，嫩笋凉泉漱齿寒。
尽阅荣枯忘魏晋，任随仰俯道缘安。

陈娟

【七律】同韵敬和陆游幽居初夏
为邻碧圃静安家,深掩重门垂绿花。
时见林枝停宿燕,偶听池底闹鸣蛙。
天高但望浮云远,日暮长观夕照斜。
盛露溉芳除蔓草,松风满院试新茶。

【七律】李清照
群泉漱玉垂髫慧,如梦词成动汴亭。
烛影摇红摹汉隶,茶烟浮翠注金经。
风嘶战马残阳冷,叶落家园暮雨泠。
天淬柔肠化霜剑,云鹏裂帛立丹青。

【七律】苏轼
自问平生多少秋,乌台墨雹卷三州。
浪淘赤壁思豪杰,烟雨沙湖任去留。
岭海涤疴云霭净,载堂栽李士风遒。
神龙跌宕书寒帖,千古孤辉意未休。

【七律】中国画
胸怀万壑汇毫笔,尺素能收天地春。
皴染云烟凝古意,墨勾兰竹显风神。
虹桥百贾喧熙世,青绿千峰耀盛辰。
最是平常留白处,无中生有守天真。

【七律】登泰山
叠磴连天悬日近，登封祀岳迹犹存。
摩崖字刻烟霞影，古柏枝擎岱色昏。
汗透衣衫行陡隘，眼收云海志难吞。
看来坦坦寻常路，却踏星辰叩玉门。

【七律】冬日游长城
携家二月共凭栏，堞雪初融暮色残。
呐喊声声如在耳，砖痕道道似方干。
秦皇募士千家散，姜女寻夫万道难。
岁月烟尘埋旧事，墟烟袅袅化冬寒。

【七律】江城望长江
双江如带城中绕，破玉分辉三镇安。
万古蛟腾翻雪浪，灵根两兽锁玄端。
霞洲泽气滋千顷，汉浦星灯沸九蟠。
几度沧桑湮往迹，虹桥势贯地天宽。

【七律】观壶口瀑布
裂地崩崖裹巨风，黄龙正对晋秦中。
惊雷震壑千山应，百丈涛天万马冲。
日照金麟翻白雾，虹飞壶口卧垂虹。
虽经九曲终无改，一脉奔腾向海东。

陈娟

【定风波】甲辰年秋初遐思
过隙余晖映菊花。细风微雨浸窗纱。绿叶树头飞鸟寂。何忆。倦游无绪待还家。
寻月阶前滋味久。摇首。玉辉还被乱云遮。乍起千愁何以解。如海。任由滚滚向天涯。

【清平乐】雅舍秋聚观柳随想
身随风步。凭任梳千缕。暮雨洗丝颜更妩。何道青春辜负。
临波秋染蛾眉。难描百媚春时。却莫空怀惆怅，玉枝还耀冬晖。

【如梦令】闲观松鼠
窗外松枝常驻，时有精灵来顾。撷果蹲林间，四目偶然相觑。
停步，停步，欲赠一杯秋露。

【如梦令】乙巳自寿
熟半牛排香透，闲坐盈杯称寿。莫计序将何，笑面后程如绣。
珍守，珍守。且共岁华温厚。

【菩萨蛮】星河逆旅
临窗万里观云影，行穿千嶂臻仙境。高处远红尘，星辰听语真。
浮生如梦短，痴似蜉蝣眷。尽品世间途，从容心卷舒。

【明月逐人来】旗袍会十年庆有贺
初凉还暖。橙红黄浅。秋风过、叶摇霞幻。恰逢好景，约佳人艺苑。醉十年情万卷。
高髻霓裳，巧笑若春拂面。弦声里、凌波款款。恁添白霜，无扰芳心散。将洛阳花看遍。

【鹧鸪天】步韵林芳观东营鸟浪奇观
霞映黄河浪染红。腾空骤起雁凫风。将身化笔天为帛，凤舞龙飞墨色浓。
形不散，影相重。鲲鹏云翼有无中。逍遥游里高声叹，莫让春秋百岁空。

【西江月】又见白兰花
意在白兰香遍，闲拈玉朵襟前。东风如约伴春还。无处安寻故院。
廿载流光人老，千番思念衾寒。几回梦里抱真颜，空怅眸中烂漫。

【破阵子】林冲悲歌
只影霜风冷雪，孤棚寒夜悲刀。旧友叛离恩义断，娘子冤声苦恨交。泪沾满血袍。
傲气三分忍敛，沉心一意藏韬。忠义堂前长剑啸，梦里辕门战鼓豪。此身江海飘。

陈娟

【相见欢】回国离别宴
芳筵围聚珍馐。腻香浮。弄盏传杯喧语不言愁。
频添菜，礼相拜。浊凝眸。未识三儿萍迹在何州。

【行香子】西游记
岭峻山狰，水急波狞。踏西途，为取真经。金箍高举，火眼分明。过通天河，盘丝洞，狮驼城。
斩魔除怪，万险皆平。排它念、不问前程。十余寒暑，功满圆名。证身之佛，心之悟，道之生。

【满庭芳】红楼梦
玉砌雕栏，琼楼翠柳，大观园内初春。海棠笺聚，才笔染清芬。红落风吹瓣雨，桃枝下、共阅奇文。谁还记，醉眠芍药，芳梦共幽魂。
香焚，花葬处，烟罗色淡，雪雁音吞。剩苔径空庭，竹影寒云。唏绣球灯易碎，终不拾、旧日温痕。尘缘了，敝衣孤步，钟旷伴晨昏。

【满江红】三国叹
汉室将倾，凭天问、谁匡社稷。观四海、九方盘踞，众雄争席。吴主一询帷幄计，使君三顾隆中策。自此便，战火渐归边，三分立。
荆州败，烽火逆。夷道阻，风云易。叹祁山六度，费师何益。渭水空浮星汉黯，秋风长恸雄图毕。纵千古，览合合分分，空留迹。

【忆江南】蒸鲈鱼
银鳞跃,刃破泄青霜。翠缕绕姜涵味透,豉珠融露润脂香,何必忆松江。

【浣溪沙】三月家人海南游
椰茂沙清界碧空,白帆犁浪漱玲珑。天涯三影水云融。
一盏清浆消世虑,半生旧事付谈锋。蓬庐灯下共从容。

【点绛唇】海口
晚照西斜,散波点点金光烁。白鸥轻落,携片云归泊。
三骑连翩,鱼贯穿林阁。涛音寞,笑声惊雀,意把来年约。

【卜算子】听陈楚生获奖之作有感
粉墨演浮生,幕幕情难舍。苔小能收日月辉,也把春风谢。
儿号有人呼,两鬓霜丝乍。贪恋桐花柳絮时,欲问羲和借。

姜国娟诗词集

姜国娟，笔名：铄墨，格律诗词曾发表在《华侨新报》《华侨新视野》《望岳海外书院》公众号等报纸网络上。曾为《女仕届》撰写"李清照访谈"等专题文稿。

诗观：几番世路临风雨，一念诗乡见霓虹。

【五绝】敬师长
孤云岩上立,泪意掌中盈。
洒向红尘去,春辉万象清。

【五绝】致同窗
静夜诗为伴,孤灯月禁蝉。
同窗三五聚,共谱百千缘。

【五绝】春钓
落拓钓鱼翁,惊弦怨劲风。
闲情春雨晦,五蕴更云空。

【五绝】春寒
春云又几重,万壑绿芳踪。
我挽寒潮立,孤松望岳峰。

【五绝】醉新梅
清姿冰雪伫,虬树育新梅。
冷透香魂瘦,孤寒未敢摧。

【五绝】伤落兰
佩纫忘云端,深山满落兰。
斜晖遐日损,几度又香残。

姜国娟

【五绝】敬修竹
暗夜生根久，方存劲节身。
杆杆青欲碧，大笑步红尘。

【五绝】霜菊
娉婷故故栽，雪落带霜开。
再拜求禅意，如来又不来。

【五绝】琴音
声起七弦琴，泠风过绿林。
幽兰怡木性，千古有余音。

【五律】书香
轻毫描素绢，翰墨润兰纨。
云阵千山起，枯藤万岁残。
银钩划六艺，君子执三端。
洗砚池边醉，书香余尽欢。

【七绝】棋意
人生跌宕又纵横，看淡闲云无意争。
若有兰亭攻守志，竹林君子赴楸枰。

【七律】画境
古意沧桑出自然，光阴如画驻流年。
皴临顿挫千峰立，揉拓描摹万水渊。
曾遇胡天遭战火，又逢明殿沐轻烟。
红尘淹没惜重彩，浩叹群芳启圣贤。

【五律】怀诗圣杜甫
沧溟起凤蛟，诗海涌狂潮。
战乱逢颠沛，文风韵暮朝。
沉浮人事尽，俯仰圣乡遥。
谁为庶黎苦，哭声传九霄。

【五律】词里遇东坡
生年满目伤，风雨聚诗行。
念念孤鸿远，潇潇归意长。
闲时翻贝叶，困境访虚荒。
直遇琉璃体，无常是有常。

【五律】依韵敬和孟浩然过故人庄
故人临我家，天际漫飞霞。
对饮新醅酒，齐观金盏花。
青山陪远客，绿树落归鸦。
何必重阳日，今生也有涯。

姜国娟

【五律】春山青
诗朋邀酒侣，共醉一方溪。
慕鸟飞空迹，悲花陷马蹄。
春山青冠带，碧水墨梁堤。
若与浮云近，相携访叔齐。

【五律】夏花燃
载酒盖云旗，风高热浪欺。
花间藏一夏，月下梦千枝。
尽饮群芳髓，尤燃独艳悲。
香泥遗恸泪，纵死有情痴。

【五律】秋风老
季末催霜至，无情似有情。
八荒惊战意，万物落悲声。
飒飒秋风老，萧萧暗夜行。
刑求天下恶，荡涤一方清。

【五律】冬雪残
孤云旷野寒，寂静夜将阑。
卷地北风起，乱空冬雪残。
情无冷情意，心碎冻心肝。
一骑红尘远，余生落玉鞍。

【七绝】步韵敬和张继枫桥夜泊
旅夜孤灯廖寂天，钟声江月不堪眠。
劝君归卧东篱下，且向心安摆渡船。

【七绝】月夜乡心
秋水寒烟离故家，薄枝篱下隔栏花。
泠泠身寄他乡夜，风满单衣月又斜。

【七绝】林中风
劲卷江河千尺浪，常惊碧落万重云。
其徐纵有雷霆势，忽入深林细细闻。

【七绝】解语花
连朝妙语对檀郎，几寸柔情袖底香。
素手藏锋春一朵，温柔尽是业障乡。

【七绝】高山雪
经年玉萃峰尖上，皎似浮光朔漠寒。
不羡红尘真热闹，孤高傲世在云端。

【七绝】江楼月
旅夜孤灯故梦愁，轻霜步履望江楼。
帆悬岸远青霄半，寂寂冰轮照九洲。

【七律】咏诗仙李白
蜀道难于行路远，峥嵘剑阁降诗仙。
雄奇莫测笔中意，险峻危扶山外天。
也试催眉求辅弼，鲜为折节堕青莲。
轻临落拓红尘里，大醉烟波绿水前。

【七律】叹词林李清照
明月清泉松上枝，竹林巾帼有追思。
易安偕隐奇金录，难琢归来淑玉词。
夺衍臻珍伤外物，流迁重宝逐王师。
谁言大浪淘沙尽，声漫方存青史知。

【七律】与诗友夜谈望岳诗校事有记
（用韵敬和胡朝水院长）
静对长诗酒半杯，空怀宝藏智需开。
白衣束手文中意，师道临坛众里才。
襟落生平频笔墨，胸存风雨伴云雷。
高情不入时人眼，遍洒春晖引雁来。

【七律】赋人间有味是清欢得人字
生平愿作惜芳人，一掷年华有限身。
叶里藏情三季雨，枝头挂果四时珍。
轻愁剪却裁云梦，重彩妆成饰葛巾。
万汇春光凝旧忆，半杯浊酒敬花神。

【排律】咏梁祝
稽郡由来林下风，女郎学路尚无通。
蛾妆巧换青衫翠，华月相随丽日红。
春碧花间听早课，秋黄叶上戏鸣虫。
行前互诉三生愿，别后诚知两意融。
数载同窗分笔墨，一朝离岸各舟艨。
奈何绮梦飘云散，堪叹深情弱水终。
托付良媒传昧信，转投高宦类浮篷。
悲凄素影烟波里，消损残躯冥灭中。
谁忍孤乡人去远，君归西寝我归东。
伤心魄断寒星粹，化羽身轻彩蝶丛。
天地微言存静美，沧渊大爱辟鸿蒙。
凡尘本就蜉蝣过，千古痴儿未必空。

【排律】春又归
无根天水落，翩望落如抟。
网住春消息，芽扶新蔻端。
道芳卿可意，堪破植深坛。
局步经冬促，微觞晴翠寒。
诗囊堆墨案，笋萃试春盘。
侧帽临山趣，中心泣露兰。
灰衣扑朔跳，俊目迷离观。
拂手惊来客，疾行疏影残。
轻云闲日月，碧树倚阑干。
锁住流年半，屏开花事繁。

【排律】咏孟姜

长城万里强,百战聚沙场。
漠北狼烟起,江南春叶霜。
将军兜鍪艳,兵士甲衣凉。
号角嘶风烈,旌旗蔽日昂。
藩篱平敌掠,戍卫宿营旁。
史记英雄血,谁言百姓殃。
爷娘送儿命,蝼蚁别家乡。
暴掠张鲸口,劳饥掩大荒。
巨龙升陡地,黔首半伤亡。
片瓦千魂魄,层云万白裳。
吉凶需待测,血肉筑城床。
中有谁家子,书生范杞良。
魂归桑梓地,身殒土泥方。
娶妻真闺秀,掌珠名孟姜。
葫芦生好女,顾盼两园芳。
落得花容貌,嫁归如意郎。
新婚三昼夜,恶梦半惊惶。
役敛来征去,生离促且长。
凭栏思幽怨,远望泪琳琅。
久候无消息,相寻备行囊。
多山多险阻,一水一跄踉。
万难经临处,寒风尽北疆。
阴阳摧肺腑,噩耗断肝肠。
骤雨滂沱下,天心明昭彰。

悲鸣恻寰宇，怒火卷沧浪。
列缺九霄落，雷开铁石墙。
男儿曾伟岸，泥骨土飞扬。
呜咽哭声起，鸳鸯失伴殇。
痴求无去路，举步赴汪洋。
彼岸忘川水，孟婆匀五汤。
孤烟逢乱世，煮酒似熬浆。
人轻哀伤重，峰茫暮色苍。
邀君契生死，践诺勿相忘。
来世随缘往，深情海斗量。
迎风嗟赞叹，挚爱有微光。
我作长诗赋，为之久彷徨。

【七律】泰山日出
乱石横梯峰路冷，灯明鸡唱五更寒。
指间残宿流光烁，风里初鹰速影残。
双翼微澜余浩叹，三乌重笔淬青峦。
万金突跃松涛震，赤焰满天云际看。

【七律】黄河绝唱
冰原泻落莽昆仑，河底沉砂过玉门。
万里奔雷如虎啸，千般聚浪作鲸吞。
柔情可蕴一方土，怒意曾埋百姓魂。
天道无亲无好恶，从来众力倒乾坤。

姜国娟

【七律】长城感怀
一墙半部秦皇传,万骨功成拒虏名。
胡骑频频燃战火,军旗烈烈将戎兵。
长空雁过尘沙远,厚地风闻旧古声。
勿忘国殇曾饮痛,人心筑起又成城。

【七律】长江怀古
纵贯中州万里长,大江千脉九回肠。
荒流尽淌诗人泪,阔野堪留旅客伤。
浩荡烟波余棹影,古今星月沐波光。
如斯逝水仍奔涌,一去光阴未敢忘。

【五律】记小女莘莘五岁芳辰
其一:曈日初升
霞光温玉里,映日淡云期。
飒飒疾风至,莘莘劲草驰。
青春如浩荡,华岁未容迟。
尘俗结缘世,生平何惧之。
其二:月明沧海
瞻彼佳期上,望它碧落长。
莘莘云梦素,皎皎月华光。
沧海远行意,清辉近羽裳。
揽怀风又静,膝下亦徜徉。
其三:星光璀璨
青霄棋路广,绮绣落馨天。

点点流光动,莘莘玉树绵。
轻呼窗下梦,绕膝此生缘。
昼夕云寒暖,容融乐陶然。

【古风】轻雪江南
寂寂离楼晚,西风独夜黯。
忽闻同窗信,轻雪寄江南。
梦棹烟云里,行歌乌篷船。
亭台九曲望,淡墨染群山。
寒梅雪初绽,寻香向小园。
掩映织林漠,细看需凭栏。
晶莹白练透,万仞枝相连。
碎琼剪轻素,何幸落此间。
此间毓秀地,清风吹雅言。
峨冠博带绕,轻裘沽酒闲。
章台君细柳,谢女漫诗联。
鹊桥行寄傲,容膝存易安。
咿呀竹簧声,万里催好眠。
未逢已远离,相期谢清欢。

【七律】坐望有感
昔时荒诞慕兴荣,鉴古纚纹啜华英。
世易纷云心未惧,文难贯道意常明。
斑斓碧树雕蓝玉,偃蹇瑶台涵太清。
极目九垓尘日尽,长天一枕梦高情。

【排律】咏西施

苎萝村里落兰芝,越女生成灵逸姿。
天降玉容酬厚爱,鱼沉碧水醉西施。
轻颦浅笑皆随意,冬柳春花念在兹。
且看贫寒微末日,最为岁月不忧时。

仓皇跌宕忽惊悚,献与吴宫搏恩宠。
网尽周天文种谋,缘生倾国君王拱。
纤纤弱质没洪流,浩浩群枭逞孤勇。
响屐廊深双影栖,馆娃宫暖终朝奉。
龙泉舌底斩忠贞,巨浸鸱夷埋义冢。
越锦妆新颜色殊,微躯舍却功劳重。

吴都歌舞庶黎哀,覆灭姑苏百尺台。
唯候越王轻甲至,皆呼范蠡大贤哉。
分明伯嚭同名罪,共赴伍员沉水垓。
社稷高勋勾践剑,云霄暗月丽姬才。
犹怜石上浣纱女,千载泛舟清影来。

【定风波】风举残荷

漫卷青衫寂寞多。波纹梳理日蹉跎。吹老南山谁得意。霜至。凉风一一举残荷。
禅定云中如待昨。莲落。粉圆因果拜迦罗。静极慧生心内苦。来度。白萍流水问娑婆。

【疏影】蒙城风雨

飘风聚涌。引墨龙入水，天暗云重。羁鸟栖檐，湖面凫鱼，倏然怒雨天纵。雷霆落地灵光上，极目处、洪荒惊悚。坠珠帘、密扎横斜，俯仰树摇烟笼。

长望倾河玉线，恐身老此境，千岁空诵。世事堪如，一霎无云，一霎鸣雷悲恸。须知骤雨难终日，泪落尽、水轻风颂。待那时、蓝意晴空，醉五柳携谁共。

【青玉案】广寒秋月

空银如水青霄远。广寒月、凉阶看。笑扑流萤悲画扇。华年一瞬，游人千晌。单骑临风羡。

润云沉墨书长卷。尺素轻霜久嗟叹。个个别离凌泪乱。不能相望，留连几案。卿醉澄光愿。

【青玉案】赠母亲

青青碧落深深院。镜未换，流年浅。萱草庭前朝奉宴。罗生北锦，洞开朱苑。屏画闻莺啭。

彩衣暮色光阴暖。拜向慈颜劝金盏。儿女桑麻芳酪赞。福方无极，寿方无限。醉饮冰轮满。

【鹧鸪天】赠母亲

燕落桑生柳叶黄。性平情逸菜根香。笔端簌簌烛灯影，瓜瓞绵绵情意长。

爱慈母，报高堂。儿孙垂范一生忙。好将青雨凭风力，仁义煌煌一脉扬。

【满庭芳】问绣球

春老英肥,身轻露重,琼珠碎玉含烟。风流泪染,雨润翠薇澜。漫漫慢寻文藻,凝眸处、舜似朝颜。问芳意,蜂腰蓬首,卿可觅团圆。

层层霜染尽,欺云赛雪,回引双鸾。摘月半,镶心奉与君前。陌陌萧疏清影,林荫醉、斜倚栏杆。词新赋,不归期许,花落又经年。

【满庭芳】咏百合

曾为星辰,辞来俘佐,鸣萧玉珥璆锵。静听安调,清露著馨香。不与凡花争数,灵连卷、锦绣无央。自流眄,艳朱盛紫,妆点好风凉。

昭昭芳蔼赋,荆扉并列,错落成堂。旧缘在,须留佳望鸾凰。总在眉间心上,染浓醉、舞作霓裳。千年等,红尘热闹,歌尽岁悠长。

【满庭芳】萱草忘忧

叶卷眉弯,萱芽鬓绿,离披却引春深。轩檐庭落,孤秀自成林。映日晴窗争染,花解语、酬谢光阴。慰衔报,轻痕露泪,连聚子游吟。

萋萋离意满,秋风澹荡,歌老辞音。欲凌波,茫茫弱水千寻。尚可忘忧自在,报芳晚、衣彩娱今。虫鸣里,笑谈得舍,心向万山岑。

【满庭芳】大丽芳华

碧海飞花，长风戏影，离心寄傲澄空。东风来就，素倚笑颜红。细数楼台错落，彩练舞，千里容融。迷津渡，轻舟不系，远岸晓天工。

清晖斟万象，襟怀雍落，流照鸿濛。叹回首，丽人且住情浓。曲径却藏归路，芳卿问，何道应同？今生媚，含真黼辅，花月尽相逢。

【满庭芳】咏月季

敷粉虹霓，云裳翠缥，四时占尽花容。春风不厌，且喜九秋重。坐看云天晓暮，卿自乐，修短纤秾。一任尔，东西南北，风过万芳丛。

临阶披华衣，思明吟暗，雅俗相从。墨土生，惊鸿造化神功。念念流连向晚，纵苏世、艳质皆空。何方落？莫求远间，佛在汝心中。

【满庭芳】咏牡丹

驰百花王，绶云洲誉，撼顷万里山河。羲皇穆慕，青冥奉嵯峨。绵亘三千岁月，睍英荟，娇影新柯。临桑地，张风宇内，冠带赋琴歌。

峥嵘京华满，佳人染墨，士子沉酡。重彩出，东皋映日霞多。魏紫姚黄尽看，谁可侣，富贵云何。真国色，翻峰逸海，盛赫止金戈。

姜国娟

【满庭芳】记初春松鼠小友来访
静院初晴,瑞林琼雪,客来顾盼西东。悠容闲步,携隐有云踪。猜是精灵小友,冰阶外、疏影横冲。细观取,陈光铺玉,满院路皆通。
盈盈如翠羽,飘风沐雨,涉水凌松。旧梦里,清宵华月当空。困顿樽前团扇,春意近,斜倚玲珑。离乡故,江湖四逸,乐土去寒冬。

【千秋岁引】异乡感怀
醉惹微熏,残留浅愿。万簇惊情数行雁。鱼藏尺素暗帆影,寒鸦几度争春半。故园风,异乡雪,惊鸿远。
无奈尘霜归路乱。无语妆楼离云汉。无那音书终牵绊。漫嗟荣辱心安处,沙鸥误入穿云燕。关河凝,冻云情,留青苑。

【踏莎行】
客路中洲,帆悬岸远。迷津深处谁牵绊。月怜今夜寂无声,孤光尽落融融苑。
风正离园,桅樯梦散。西楼又醒晴窗炫。浮云廿载解行人,天涯大醉音书断。

【忆江南】异乡秋夜
初秋夜,斜月对疏窗。切切鸣虫更漏静,莹莹云手碎星光,孤枕梦微凉。

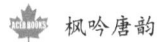

【蝶恋花】忆昔年

三候佳期逢落雁。酒侣诗朋,纵叹云中远。破暖微风团锦扇。留春问计光阴散。

晴翠黄花山璀璨。云簇香清,误锁芙蓉面。遥想经年归宿断。荒城格个浑金苑。

【点绛唇】咏玉扇

玉扇晶莹,寸心守护婴儿泪。慢摇风起,吹皱灵池水。

素手移栽,含笑青衫翠。呵妆对,酒樽轻酹,倾倒花神醉。

注:玉扇和婴儿泪是两种多肉植物。

【鹧鸪天】赠望岳诗校同窗

曾向孤寒幽处行,拟将旧稿寄浮生。偶逢望岳嘤鸣友,相聚云台笔墨盟。

排字阵,对文兵,诗词书剑骨铮铮。他年共饮溪云酒,醉染东山一脉青。

【曲玉管】小院闲居

世路炎凉,闲情淡泊,风柔树止人归梦。远水微云遮断,遥对苍穹。潜孤鸿。落落轩窗,潇潇疏雨,忆回旧梦思伤痛。夜渐轻寒,望月移至天中。再难逢。

幸有初心,逐花事,春繁秋盛,艳妆大暑浓荫,芸锄笑过芳丛。待松风。解千层萦绊,百转乡愁飘散,漫嗟荣辱,袅袅晴空,静院融融。

姜国娟

【苏幕遮】观尼亚加拉瀑布有感
紫烟茫,霜练远。照影粼波,湍急飞崖断。声怒雷霆奔峭涧。万丈苍渊,碧落长虹贯。
水舒柔,光聚散。恰似乡愁,消涨庐山畔。倘若诗仙浮望眼。大笔挥云,暗把流年换。

【忆秦娥】怀故人
飞花落。悄然满院霜风朔。霜风朔。潇潇冷雨,摄人魂魄。
忆遥旧事三生诺。一朝离散前尘错。前尘错。烟茫路远,断鸿云漠。

【虞美人】送君归
长空塞雁秋原上。细语频相望。离时渐近渐无声。一任雨停风静草虫鸣。
伤君此去烟尘远。恰似流云散。若凭音信忆经年。寄与青霄明月度关山。

【定风波】人生逆旅
客路新伤似旧游。秋来水漫白萍洲。光景流年惊暗换。归晚。飘零身意寄边愁。
万里关河皆逆旅。何惧?千山尽处一方丘。半百深情应错付。方悟。春温一笑下云楼。

【九张机】一春花事

似风起：

一掷年光万缕丝,梭心慢转日迟迟。
早春花事开多少,机上九张寸寸知。
一张机。
草花间色未深时,一丛浅碧一丛止。
莹白轻羽,纤尘无惹,巧手落清池。
二张机。
青女回眸作别音。春泥啄破临空问。
帘栊半掩,迎风一笑,报与探花人。
三张机。
东君谢罪教春迟。繁华满树垂丝旖。
碧空红影,心驰神驻,恰似紫云织。
四张机。
春凉铺满绿生晖。芳蕊束束千层蕾。
浮花佐酒,独伤郎艳,寄语乱红飞。
五张机。
红颜秾艳郁金香。娉婷静绽仙姝样。
叶离花聚,一生拼却,重彩夏时妆。
六张机。
西窗孤影彩云飞。薄薄锦色春衫翠。
黄云点缀,花间旧事,更与故人归。
七张机。
织成竖线又横丝。泣血绮罗相思已。
情关一叶,梦惊一季,双泪落参差。

八张机。
析出枝绿散成诗。劲花叶里生芳卉。
风摇大戟,滴露清响,艳魄丽殊姿。
九张机。
流风回雪百花枝。故人落拓拂芳立。
游龙蔽月,霜天云起,珍重旧时衣。
似云收:
百转千回一束丝,韵成锦色奉春时。
闲情空望孤云远,轻抚绡罗旧梦痴。

罗晓军诗词集

罗晓军，格律诗词曾发表在《加华月刊》《山东诗歌》《华侨新报》《七天报》，2019年《齐鲁文学》上、下卷，2020年《齐鲁文学》春之卷、秋之卷，"魁北克诗词研究会"网站，《华侨新视野》《望岳海外书院》公众号等报纸网络上。2024年参与《枫吟唐韵》诗词集新书，集成《罗晓军诗词集》。

诗观：以真情入诗，怀感恩于心，呈生活之美。

【五绝】梅兰竹菊四则
（一）篱菊
金丝盘玉蕊，独立傲秋霜。
莫道西风烈，篱边色正黄。
（二）幽兰
蕊绽壑风凉，清姿映素光。
何须人尽赏，自在散幽香。
（三）咏竹
节节高风骨，葱葱不改容。
虚怀涵远黛，挺立媲青松。
（四）墨梅
疏枝映画堂，数点染苍茫。
不与春争艳，孤清吐墨香。

【五绝】迎春花
金缕报春晖，寒枝破雪衣。
琼苞藏嫩蕊，漫舞正芳菲。

【五绝】对弈
星排生死门，子落不留痕。
四目无言对，枰间玉宇昏。

【五律】赏"千里江山图"
千里寻云影，峰峦叠翠微。
江帆何独去，侯鸟正双归。
树隐渔歌袅，烟浮客梦飞。
殷勤青绿染，入目尽青辉。

【五律】月下杂谈
明月几时有？高台只影孤。
清辉穿玉巷，花树挂银珠。
叶落关山近，鸿飞草木枯。
送秋添岁老，望里寄归途。

【五律】登岳阳楼怀古敬和孟浩然
南湖碧浪清，高阁倚云城。
映日风帆远，含烟岳色平。
范公文厚义，屈子赋光明。
欲问沧桑事，凭阑共此情。

【五律】品"东坡肉"
雪落黄州冷，泥炉炖肉香。
微烟通竹缝，熟气入诗囊。
火慢三分醉，杯轻一盏忙。
人间多况味，心远自悠长。

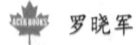 罗晓军

【五律】王右丞山水诗意
山静云初敛,溪寒草欲枯。
鸟栖松径晚,僧扫竹窗无。
画里常存道,诗中不染儒。
人间多扰扰,惟尔得真吾。

【七绝】绝望岳毕业感言
千秋风雅韵流长,望岳开篇气更扬。
字炼句磨寻正味,初心不改写华章。

【七绝】临帖
砚底浓云化细流,笔锋转处见苍虬。
龙威乍现惊鸾去,字里乾坤万象收。

【七绝】《枫吟唐韵》成集有贺
楼外飞花次第开,台前落笔笑声徊。
枫吟唐韵诗情聚,觅得芸香雅舍栽。

【七绝】端午品粽
苇叶作袍白玉藏,豆沙小枣裹清香。
锦丝五彩多祈福,此日相思比水长。

【七绝】题图
细笔轻描几许真,含情自是不生尘。
芊芊玉指遮羞面,犹是相思梦里人。
注:赏福雷斯特极简画作右手托腮的女孩而作。

【七绝】闲趣
东园架上紫藤花,馥郁攀藤绕我家。
翠鸟轻啼纱帐外,茶烟屡屡映帘斜。

【七绝】镜像浮生依韵敬和苏轼题西林壁
屏前万象半虚空,回望尘寰意未同。
不染浮华真性在,心清自悟道其中。

【七律】古曲六章
阳关送别断肠声,落雁复飞沙渚晴。
鼓击连营风猎猎,舟归唱唱水盈盈。
广陵绝响离殇恨,逝水高山别梦生。
古曲怆然千载远,幽思遥寄似今情。

【七律】赋人间有味是清欢分韵得欢字
人间有味是清欢,不羡浮华五色看。
一盏微灯听雨趣,三杯薄酒驱天寒。
观花品茗尘心静,对月行吟世路宽。
若问今生何所恋,琴棋书画小平安。

【七律】桂花树下桂花猫联句

桂花树下桂花猫,日映斑斓影自摇。
双目微睁憨欲醉,四肢慢展赖添娇。
悠哉喜得秋光逐,倏尔欢追黄叶飘。
偶有巡街灰鼠过,抬眸相视乐逍遥。

【七律】秋望

远眺长天云水净,枫林流彩映晴川。
疏风绕树琴音宕,落叶穿篱曲径延。
坐忘秋深情未尽,追寻鸿影意还绵。
余辉灿处香侵袖,独诵陶公采菊篇。

【七律】秋韵

秋荷疏影寒烟叠,柳叶随风入浅湾。
野鸭衔鱼泥渚畔,乌篷逐浪水云间。
菊垂古榭香犹在,树伴枯藤心自闲。
远眺霜枫无限色,丹青巧染画中颜。

【七律】参观国家博物馆青铜玉器展

青铜斑驳记辉煌,润玉幽寒溢彩芒。
错综雕纹潜思密,晶莹质地漫华章。
千秋气魄藏方寸,九域乾坤铸极央。
一览文明兴国事,嗟兮不朽刻荣光。

【七律】贺望岳学堂第八期开班
望岳诗坛聚俊才,知音四海讲堂开。
唐风宋韵同屏咏,古调新声共砚裁。
桃李初萌承玉露,芝兰待放接琼台。
尔今雅集香端启,正是高桐引凤来。

【七律】步韵敬和李商隐无题
月下重吟旧句难,清晖透帐梦初残。
春芳不语花枝悴,往事成书墨迹干。
烛尽泪盈人已老,雨疏愁寂夜生寒。
相思若问归何处,青鸟彩笺共远看。

【七律】稼轩风骨咏
金戈怒马少年奔,醉里孤灯舞剑痕。
橄起风雷横塞北,梦随烽火卷沙昏。
词章遥寄忠良志,笔墨长思浩气魂。
铁血柔肠皆入句,古今义胆照乾坤。

【七律】易安词意
夜残花影冷沾巾,字里犹藏旧岁春。
南浦客愁添暮雨,北窗清梦照孤身。
可怜才女谁人渡,独对真情赖有陈。
慢唱一声千古意,相思万缕寄词轮。

罗晓军

【七律】黄河·母亲河
九曲黄龙逾万里,东流滚滚似雷鸣。
女娲炼石凝乾象,大禹开河济物生。
千载农桑依水性,一湾灯火伴书声。
抒怀作赋承先志,一阕长吟颂母情。

【七律】秋登司马台长城
断垣残壁锁秋风,万里云山尽入瞳。
垛口枫红燃远壑,高台雁影落长空。
恰闻铁马铿锵至,又望狼烟缭绕中。
举目荒寒疑汉塞,千年寂寞与谁同?

【七律】长江古韵
源起昆仑自在行,奔腾万里化峥嵘。
谁吟诗圣大风调,当记谪仙狂酒觥。
赤壁余烟随雾远,乌江旧梦与潮生。
何人踏浪歌长咏,唯有离骚楚汉情。

【七律】雨夜登岱宗
潇潇夜雨风声啸,泰岳苍岩万壑松。
崖道迂旋穿古寺,天门遥望锁烟峰。
扶碑喜见东方白,跃石惊闻晓刻钟。
玉顶当逢云起处,曦光破雾照华容。

【排律】白蛇素影
峨嵋修炼为离宫，欲报前缘俗界通。
西子绿浓冠罩雾，断桥朱浅袂随风。
欣逢借伞三生愿，喜结良缘万古功。
济世施方参妙悟，扶伤解厄渡凡中。
云翻石阁惊雷暗，水漫金山怒电红。
塔影孤身悲愤夜，残灯半照冷霜空。
神魔多变终难释，人道纷岐各不同。
代代传吟情犹在，白蛇遗恨动苍穹。

缅怀四则
小序：乙巳年秋，夜接家书，知父病重，悲痛欲绝，匆匆返国，终未待儿归。女罗晓军以此为记，泪下成篇。

【五绝】秋悲
月残庭树瘦，骤雨落花寒。
茶冷人何在？蛩吟悲入阑。

【五律】秋别
怯步旧庭前，深门掩不全。
风嗟惭子责，雨泣恸苍天。
架下黄花败，枝头丹若鲜。
孤怀今夜永，残照对无眠。

【七律】秋怨
西风剺地促归行，越海穿云晓夜征。
恨没彩鸾双羽翼，终输冥召四时程。
门庭未入先闻泣，病骨难挨已隔生。

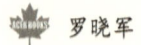 罗晓军

从此悲秋逢忌日,霜枫尽是血凝成。

【江城子】秋祭
灵椿九秩荫苍茫,鬓添霜,脊为梁。忽作西游,咽语对空床。欲孝亲离成永憾,天路邈,泪千行。
昨宵清梦见颜祥,伫门望,笑如常。惊寐惟余,冷月浸秋窗。却羡丁郎能化鹤,归华表,认儿妆。

【鹧鸪天】文坛盛世
幽草繁花织夏情。文坛盛事动蒙城。几朝翰墨推敲路,今日词华结集行。
承古韵,叙心声。春秋风雨笔勤耕。客乡多念凡人事,且以诗怀度半生。
注:为 2024 年 6 月 15 日 Acer Books 新书发布会而作。

【鹧鸪天】龙舟竞渡
旗影飘摇彩带挥。健儿竞渡鼓频催。汗侵罗绮迎风舞,浪逐轻舟击水追。
舷似箭,棹如飞。蛟龙腾跃显神威。离骚一曲成追忆,再引高歌勇夺魁。

【鹧鸪天】江南春早
柳外云烟笼碧风,画桥依旧去年红。船行春水逐蓝影,岸渡青山响梵钟。
花影碎,雨丝濛。檐楣新燕试西东。人间多少离愁句,寄与江南暮霭中。

【鹧鸪天】诗乐和鸣

序:2025年4月26日聆听张宝国老师为古今诗词作曲专场音乐会,有记。

续谱宫商古韵篇,今宵裁句落琴弦。轻舒广袖云生步,幽啭清音玉坠盘。

莺穿树,鹤冲天。鸣戈金粉绕庭环。曲终意漫星河畔,欲奏清韶九畹烟。

【鹧鸪天】题友人油画四图

妙笔轻描彩叶妆,远山玉带映河长。霞飞丹色上仙苑,果酿精华溢醉香。

行舟急,绽花狂。脆啼小雀入丛忙。玲珑几朵纯如雪,墨韵霜痕总放光。

【浣溪沙】七月荷色

风卷霞披翠染罗。一弯碧水荡新荷。涟漪遥去棹云波。

嫩颊着粉含玉露,蛙声入画动婆娑。采莲一曲和菱歌。

注:2024年7月为同学一组荷色照片而作。

【定风波】观魁北克城瀑布

白练凌空泻玉光。飞流直下响山冈。水雾昭昭冲碧汉。惊叹。长风浩荡送秋凉。

独钓闲情听浪趣。歧路。孤心共与白云长。倦鸟声声相伴去。寄语。遐思望远韵成章。

 罗晓军

【浣溪沙】游薰衣草园
盈袖沾衣送暗香。花涛紫海满庭芳。清风勤把笑声扬。
踏陌佳人频自舞，入园彩蝶为谁忙。凝眸回望已斜阳。

【浣溪沙】帆摇雨荷
烟雨轻描翠色匀，红衣漫托碧罗裙，风吹浅浪不沾尘。
远去轻帆摇短棹，汀洲鸥鹭伴归人，一湾幽梦入苔痕。

【疏影】逢七夕友聚
新秋入苑。有繁花簇坠，藤架盈满。候鸟飞旋，将去难留，闲云欲聚还散。重修陋室延嘉客，转角处、兰花幽婉。备馐肴、小宴琼浆，煮水煎茶汤暖。
堪惜韶华易逝，正樽酒相祝，遥望清浅。玉露金风，乌鹊长桥，暗渡银河星汉。离愁别绪知多少，几回醉、梦中难辨。夜未央、树静枝斜，疏影遂成诗卷。

【定风波】夜钓
放棹垂纶月正盈。凉风拂面涌波声。一线沉浮终不见。空返。鱼翔水阔逐心行。
历尽红尘思有绪。开悟。人间无处不归程。且借长帆酬远志。磨砺。潮喧潮落总关情。

【松梢月】中秋夜练龙舟
落日桥头，粼粼水漾碧，风过惊秋。波涌鱼戏，凫鸭欲逐沉浮。桨动旌旗方传令，似箭去、勉力同酬。汗湿襟袖，

清辉泻，月华满龙舟。
望长河上下，桂影随梦远，思绪难收。几度回首，终不是少年游。斩破寒江千层雪，镜乍缺、鬓发霜留。竞渡湖海，喧鼙鼓，最风流。

【清平乐】秋聚
秋风如许，未染丹枫树。对景欢歌翩起舞，相伴酒朋诗侣。流觞旧句酣时，清令又逐花飞。兴尽芸香小聚，斜阳犹带余晖。

【明月逐人来】秋思
秋华云浅。波光如幻。西风起、白帆轻剪。雁行声促，蒹葭依水漫。别绪心头缱绻。
寒月清幽，素染丹青画卷。廊铃响、铮音缓缓。细数旧年，诸事如麻乱。自在诗中嗟叹。

【满庭芳】旗袍会十周年庆
云袖轻飘，霓裳漫舞，十年岁月长河。琴棋书画，诗酒满庭和。尽展风姿雅韵，千般色、凤影凌波。喜相聚，觥筹交错，枫下醉婆娑。
今宵齐祝愿，芳华永驻，兰菊清歌。展未来、与君焉叹蹉跎。同绽丹青锦绣，慧心谱、美景如梭。欢声远，情怀未老，华彩共春多。

罗晓军

【雁后归】（临江仙）雪雁
白羽腾空掀雪浪，苍茫之上徘徊。越山击水响惊雷。素衣遮冷月，鸣啸九天飞。
跋涉长路求暖地，寻来芦草幽肥。且栖且舞沐秋晖。经年循旧迹，待发复南归。

【忆秦娥】经年
寒窗雨。年华尽写眉间句。眉间句。孤灯瘦影，谁与轻语。
别来往事萦心絮。乡愁点点凝香缕。凝香缕。梅开一树，归期春许。

【踏莎行】辞旧焰火观感
瑞雪盈阶，寒风剪树。琼枝玉盏缤纷路。钟声响起涌人潮，金光赤焰清霄舞。
岁月吟哦，流光漫数。青丝霜染何曾负。初心未改逐诗梦，再添一阕平安赋。

【踏莎行】江南春早
柳眼新开，梅香暗送。黄花点缀斜枝重。莺啼燕语报春归，乘云舞鹤苍霄动。
雨润苔阶，风熏巷弄。寻芳阡陌侵横纵。画桥流水绕城隅，一篙撑入江南梦。

【厅前柳】暮春
暮春时。细雨润，和风怠，燕归迟。小园旧藤香浅，掩残篱。幼芽瘦，染新姿。
急急叩、轩窗青鸟语，似衔萱草自天涯。欲取云笺句，寄相思。润松墨，抒心词。

【满庭芳】蒲公英
金盏盈庭，白绒凝露，雨晴还簇新芒。蜂翩蝶舞，引得晚来香。倏尔扶摇经过，絮飞起、伞跃邻墙。落霞外，随辉起舞，自在过丛芳。
追风回故里，青砖黛瓦，俏立残阳。忆年少，轻狂直指苍茫。莫问花期几度，空留得、鬓染新霜。谁知我，根心自在，华去便翱翔。

【望远行】游西澳粉湖白沙丘
紫晕浮波幻彩生，沙痕如雪荡分明。苍烟起处落潮声，遥天连碧水云横。
罗衣举，舞姿轻。却疑仙子正舒情。婆娑光影入澄泓，遥追归梦与帆行。

【渔家傲】夏日冲浪
碧水连天云开路。千层叠雪舟无阻。踏浪跃身潇洒舞。清风顾。欢声散入波光处。
几度凌空惊伴侣。潮回湍险安魂渡。挥棹长吟狂傲句。堪谁妒。同心共逐霞中鹭。

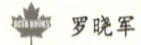罗晓军

【玉楼春】（依李煜体）晨钓图
朦胧晨雾环苍岫，篷影微摇波欲透。冷风吹棹黛鳞浮，欸乃声声穿晓漏。
云开忽见沙痕皱，水映长空秋色秀。垂纶轻落素丝悬，唤起雁鸣天际奏。

【如梦令】闲聚
小院晚风轻漾，芳友凭阑低唱。清酿配佳肴，树影裙裾同晃。
酣畅，酣畅，月送桂香初上。

【虞美人】别离
年年岁岁团圆短，犹盼回程缓。几番凝视对昏灯，但见鬓霜新发又添增。
临行慢把寒衣放，只为多相望。归心难抵别离愁，最暖床前轻语释烦忧。

【西江月】思亲
夜静屏光流影，风轻梦路沉痕。堂前唤我饭初温，笑语犹如昨近。
一盏清茶还热，三分叮嘱依真。欲书笺咏诉天伦，寄托归鸿传信。

【忆江南】荷影
荷香绕,风动一池烟。翠盖娇依摇晚照,红妆亭寂伴波眠,正是月华圆。

【阮郎归】莲舟轻渡
兰舟轻渡雨初晴,遥山雾色青。芰荷娇靥水盈盈,香风细细生。
人倚棹,浪衔声,心归雁字横。半生思念寄云行,来年共此程。

【苏幕遮】月映荷
月华盈,荷影倦。风过清池,惊起双飞燕。蛙噪虫吟催夜半,香泛浮波,露冷粘柔瓣。
梦迢迢,心漫漫。情系椿萱,归思随舟远。独倚栏干人不见,笺诉衷情,正是此时愿。

畅饮赋
序:佳朋雅聚,畅谈正酣,友人取出珍藏多年的珞珈赋酒,便承诺一篇当日饮酒之赋。
甲辰秋初,院落葱茏,时值良辰,友人相聚。主人备美宴珍馐,琼浆玉液;佳酿剑南春,香飘四溢,清醇甘冽,沁人心脾。众人白酒盈杯,共论天道,谈笑之间,哲思如泉涌,论天地之广袤,析人生之短暂,激扬言辞,心意相通,畅快非常。觥筹交错,正所谓酒逢知己千杯少也。
谈兴正浓,酒尽杯空,主人遂取珍藏之醇酿——珞珈赋酒,

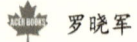 罗晓军

余应主之邀,诵读"珞珈赋",以助雅兴。此酒封存多年,今夜初启,香气氤氲,直入肺腑,味厚绵长,余韵悠远。夜色深沉,凉意渐生,然意犹未尽,唯明月与我等共此良宵。今夜之情,铭于心间,愿来日再聚,共享此乐。

甲辰龙年八月二十八

马新云诗词集

马新云,笔名紫云,格律诗词曾发表在《加华月刊》《山东诗歌》《华侨新报》《七天报》,2019年《齐鲁文学》上、下卷,2020年《齐鲁文学》春之卷、秋之卷,"魁北克诗词研究会"网站,《华侨新视野》公众号等报纸网络上。2024年出版格律诗词合集《卉漫春秋》。

诗观:吟咏春秋,抒发情怀。

马新云

【五绝】梅兰竹菊四则
（一）腊梅
清颜含玉质，傲骨蕴孤魂。
不向红墙媚，衔冰拓野痕。
（二）蕙兰
碧带软山深，琼花染素心。
修枝擎蝶舞，倚树为知音。
（三）竹林
碧影邀贤客，清风共雅音。
攀崖修节直，撷趣逐山林。
（四）野菊
花柔野径荒，色彩自商量。
胜在葳蕤老，欣欣颊上霜。

【五绝】田园赋五则
（一）春华
雨霁花擎露，香飞马落蹄。
长安幽梦好，冰冽误东西。
（二）剪春芽
环篱亲地籁，伏地剪春芽。
欲得烹鲜趣，清池浣碧纱。
（三）种菊
培土移幼菊，修篱学劝农。
悠然田笼意，红绿报春容。

（四）望兰
雪软融藤蔓，光柔过卉兰。
清风燃夕照，贪醉倚阑干。

（五）荷宴
新藕清团炖，荷花红缕汤。
香樽何太急，澜起漫池塘。

【五绝】山居赋八则

（一）拜山
寺隐松涛影，溪清鄙俗心。
钟声敲乍响，泪滴拜山襟。

（二）松山
石崖升直笋，松杪曲垂泉。
洗砚从心意，长吟向昊天。

（三）晨景
燕雀归春语，呢喃漫院藤。
卿谁迎紫气，一跃似飞鹰。

（四）秋练
阴晴秋日趣，啸叱野山风。
陟涉因何故，无言自在中。

（五）远客
去意难盘剥，将情系院牵。
天涯行倦处，立望旧时烟。

（六）晓色
残月淡曦色，晓虹燃霁华。

马新云

长河波动玉,照影白鸥斜。
(七)故城
两排城柳老,半堵塞墙残。
何以徊梦里,青襟共北寒。
(八)抒怀
赋诗缠意怯,搔发促心慌。
少壮何凌乱,囊羞更夜长。

【五绝】读描金墨宝长卷
黑底非为墨,描金更胜金。
祥云融淑气,自在俗人心。
注:潜心书画的李老师,研如金的金墨,在如墨的抄经的纸上,用心以楷书抄下经卷相赠。以小诗答谢。

【五律】咏荷五则
(一)荷出
冰融春水皱,镜破幼荷伸。
翠叶翻波急,琼芽拔节频。
茎浮光柱直,露滴玉盘匀。
但得华尖出,垂辉破俗尘。
(二)新荷
田田漫碧塘,弱水聚华光。
玉露凝还散,琼苞绽复藏。
鱼游牵影动,鹭落劫花扬。
锦色侵冰雪,精魂化吉祥。

（三）荷秋
绽蕊惊初艳，仙姝立小池。
红妆霞色笼，翠盖碧颜施。
月钓侵冰骨，光涵润玉肌。
俗尘皆洗尽，只取夭秾姿。

（四）荷残
秋声沉夜水，乱影簇荷衣。
瓣落拂波意，心生结籽扉。
红尘多艳魄，净土化芳辉。
藕洁寒生玉，来年又洛妃。

（五）莲子
洁玉卧泥池，肌肤化嫩脂。
繁华波上过，品格杆中持。
蕊结珍珠意，香存碧珞丝。
来生何所愿，入水化仙姿。

【五律】贺枫华笔会成立
秋烟润小苔，花暖自当开。
恳恳园丁历，蓬蓬硕果栽。
雕文笔者趣，落墨子衿才。
五载枫华盛，犹闻响鼓催。
注：十月十九日枫华笔会于魅力边城营成立，特贺。

【五律】春夏秋冬四则

（一）春思
封冰藏底色，柳眼露初欢。
序进青阳急，光追碧水湍。
催风苗躁动，潜雨草微澜。
欲度秦桑岸，春思早发端。

（二）夏梦
绿意上阑干，篱前簇锦团。
榴花燃炽焰，菡萏织香纨。
陌上莺飞舞，园中蝶觅餐。
回舟江水阔，去梦在云端。

（三）秋情
逝水掀情动，枫红老树冠。
花娇篱畔趣，蝶念蕊中寒。
后岭晨曦醒，西楼晓月残。
徘徊飞雁阵，恋恋匝无端。

（四）冬心
琼枝结瓓玕，玉笋出山峦。
马纵穿林跃，鹰飞越顶盘。
当为舒意气，莫计赴蹒跚。
冻彻休关住，冬心蕴靖端。

【七绝】风花雪月四则

（一）山风
叱咤松涛催虎啸，吹弹管竹效蝉鸣。
春秋纵览寻谁意，入壑攀崖不倦行。

（二）山花
娇妍一世不知名，石缝岩头顾盼生。
为报安身赊土意，殷勤小蕊御风擎。

（三）山雪
痴心化蝶蹁跹舞，为寄琼枝自在横。
绝地高峰双勇士，寒光烨烨共温晴。

（四）山月
出浴天涯射冷荣，孤寒照远寂寥行。
莽林苍郁高高耸，只待幽光一点清。

【七律】咏泰山
接碧开云擎绝顶，当尊岳首列为雄。
黄河激荡扬卿貌，黄海浪掀助尔风。
石托苍松彰傲骨，龙衔玉带幻奇虹。
由来帝道悬崖壁，贯看千秋逝去空。

【七律】咏黄河
云崩九曲浪腾喧，横纵长驱夹势奔。
携雪披冰雷电击，穿山吞壁石沙掀。
悠悠漫路牵琼碧，荡荡经年撼烈魂。
一曲高歌天地动，清霄激越彻乾坤。

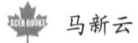
马新云

【七律】咏长城
蜿蜒驰骋飞龙跃,风雨千年恰等闲。
烽火高台擎壮士,深渊隘口筑雄关。
森森仗剑驱来犯,猎猎行麾守故山。
极目登临称好汉,至今坦坦众人攀。

【七律】咏长江
迂回万里归东海,漫唱长吟今古情。
三峡浪高波涌雪,九州雷彻水掀声。
遥遥垠际桅帆邈,烁烁幽光渔火明。
博大胸襟滋沃土,渊源文脉逐流行。

【惜红衣】(吴文英体)归鸿
去水苍茫,追山翠邈,旅途漫漫。展翅迎风,长鸣一声远。晨曦舞咏残月,破青穹、槌杖谁转?驰望斜阳,飞霞流光卷。
云烟乍暖。醉卧清嘉,湄芽正游款。当时别去在此,忆难断。嬉戏碧波芦笛,幽梦几曾垂眷。振羽冲霄跃,还把家园轻唤。

【春光好】观太湖鼋头渚樱花视频
游人密,碧波平。仰春樱。渚畔落霞无际,树梢擎。
举步馪香侵袖,凝眸映颊添荣。朱粉深匀仙女织,降天庭。

【浣溪沙】赏荷
风起幽塘翠卷波。香侵碧水皱银窝。亭亭出盖立清荷。
裙袂含珠堪托玉，柔腮撷雪漫添酡。试攀阑上众娇娥。

【浣溪沙】品荷叶茶忆旧
香盏浮云环碧罗。柔丝照面染腮酡。梦回故里忆新荷。
粉黛催花蛙戏鹭，莲蓬含籽项垂波。谁惊珠玉荡心窝。

【浣溪沙】忆中登高
极目苍茫揽大观，万峰竞秀逐云烟。攀崖扶杖叶中旋。
高咏老怀随逝水，遥思故国寄流川。乾坤浩荡在胸间。

【鹧鸪天】探春
翠润新泥陌上香。春从雪下未声扬。斜穿软柳雀低舞，直上青云鸥远翔。
之字步，杼机量。欲将柔色入词囊。野花独放堪无趣，留影相随彩袂妆。

【松梢月】白露逢雨
雨坠帘屏。阶前溅玉粒，檐上悬星。飘曳香落，秋露化水寒凝。几簇蒹葭勤摇白，顾盼影、欲扮云英。落寞飞雀，焉无趣，纵红喙孤鸣。
看荣枯一瞬，刹那来复去，颜色谁凭。夜近无月，何计怎说亏盈。怅望芸台寻良策，醉眼里、一抹清明。检点诗句，安心处，有佳朋。

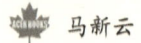 马新云

【鹧鸪天】春意
回雪流风冬未央,雨弦轻拢润时章。红尘眷恋千般意,俗世难离九曲肠。
曾执着,几彷徨,北寒何以寄悲凉。飞来屏上春盈朵,宫阙梅花檐下黄。

【画堂春】叩篱
频催春雨叩疏篱。唤来叶蔓花枝。未曾播种未曾犁。
自在归期。
仙子凌波金口,地丁落土霞姿。千秋各有喜逢时。
总比人痴。

【定风波】送别
三径山前掩暮霞。青松枝下落新家。墨润石碑温似玉。归属。自兹念远忆京华。
春梦尽归丛菊泪。摇坠。阴晴风雨一生赊。龟寿成歌歌永诀。都别。隔河明月作浮楂。

【满庭芳】(晏几道体)中秋夜
屏上欢颜,空中圆月,今宵缘定无眠。清辉谁弄,虚籁纵幽弦。耳畔悠悠旧曲,梦萦处、恰似从前。望玄兔,几曾拟问,当可共婵娟。
低头还仰首,冰轮历历,顾影年年。白霜老、终将化作云烟。落寞银丝一把,凭谁算、未做茅橡。凝眸久,华光远去,独享夜阑珊。

【宝鼎现】贺中国碑复制品修复

褐身敦石，卓立雍雅，巍巍碑碣。嵌十字、莲花相托，隆顶祥云环锦缬。字句刻、见锋芒苍劲，中外精神共结。启盛唐、传奇至宝，赞誉行云高遏。

古往灾难何曾歇。尔蒙尘、土掩魁崛。光乍现、睃睃望眼，遐迩迎来窥探切。壮士力、对区区宵小，智勇情怀炽烈。得有识、雄文仰止，海外珍藏未绝。

寻觅挽救遗珠，宏愿在、精心修缺。焕新容、邀聚知音，佳评众说。贺麦大、具才情蔚。远播凭鸿哲。任耀目、碑立学府，造化安然府阙。

注：甲辰年二月十五（2024年3月23日），麦基尔大学举行了"大秦景教流行中国碑"修复完工庆典。"大秦景教流行中国碑"为世界四大名碑之一。观之巍巍，思之切切，一番感慨，以小词记之。

【满庭芳】（黄公度体）咏韭芽

雨润泥池，风吹旧圃，倩谁正秀初芒。蔚青盈紫，擎露泛晶光。草色难攀湛碧，娇花莫比清香。幽兰貌，轻伸漫展，翠袖舞罗娘。

思量。寻幼籽，遥从故土，培育新秧。过寒冬，卧根深处何妨。不是凡苗俗卉，天生素骨刚强。同游子，离披旅展，共以慰他乡。

【江城子】秋思

御风秋意弄阴晴。渥然成。物华荣。鸿过频频、观像也为惊。枫染红恍然似火,如化蝶、了谁情。
荻花摇白一痴程。玉盘行。桂香凝。遥对苍穹常拟寄心声。错愕几吟无限意,都付了、满天星。

【清平乐】为飞花令而作

序：甲辰年八月廿六日,芸香诗社於 Angrignon 公园以诗为友雅聚,中有"飞花令"游戏,"秋""月""酒"为飞花。

停云织缕,欲把相思语。皓月关山来去路,记得跋涉儿女。
摇秋一叶先知,清池水皱邀时。昨夜醇香弥久,今朝撷上心眉。

【明月逐人来】秋游

湖平波幻。烟升霞浅。山深处、一泓清卷。绿肥擎曳,瘦红羞渚畔。道是今秋正暖。
拈叶蹒跚,扶杖登高望远。飞鸿过、盘旋顾盼。景致好游,勤把风光剪。幸得同来烂漫。

【临江仙】（和凝体）寒露

报来时节临寒露,晨风漫啸银筝。为寻珠玉话伶仃,入窗华彩画中庭。
望远登高期盼久,巷街悠竖红橙。开炉忙把小鲜烹。酒杯邀友一同行。

【临江仙】（贺铸体）雪雁

携雪翻云来复去，腾空入水徘徊。霍然振翅驾轻雷。碧波开炸处，玉颈向余晖。

芳草未央沙渚暖，浮沉逦迤柔姿。鱼虾美味戏贪追。萧萧木叶落，猎猎羽衣飞。

【采桑子】女人花

春花未及春红在，淑女姗姗。霓彩凭阑。白发青丝各尽欢。

年轮不辨鸳鸯语，一样波澜。谁护婵娟。自散幽香自得安。

【玉蝴蝶】访麦克道威尔文艺营

逐梦达通幽苑，高松墨黛，独揽秋光。百载琼楼，洁净雅致轩昂。倚栏杆、遥思丽影，踏曲径、细探华章。路茫茫。前缘漫续，思绪徜徉。

悠扬。琴声乍起，善源当记，善意流长。落籽林间，英才佳作备新妆。莫惊动、慧门才启，握拳头、祝尔翱翔。对斜阳。徘徊辗转，不尽思量。

注：1907年，美国著名作曲家麦克道威尔夫人在新罕布什尔州彼得伯勒创建了麦克道威尔文艺营，免费提供文艺爱好者安静的生活创作环境。中国作家张爱玲和她的丈夫赖雅也曾在这里创作过。

【风入松】（晏几道体）游瓦尔登湖

秋枫华秒接浮云。碧水堆银。清波不倦粼粼皱，一泓金、细漫幽痕。鸥鸟飞鸣吟旧，游人踏岸寻珍。

老书揉碎品书魂。小屋参真。废墟遗址从前事，探流连、照影留存。画入双眸切切，情融一日纷纷。

注：瓦尔登湖（Walden Pond）位于美国麻萨诸塞州的康科德城（Concord）郊，著名作家梭罗曾在这里写下了《瓦尔登湖》的巨著。2024年10月12日随枫华笔会游览瓦尔登湖，词记。

【凤凰台上忆吹箫】（依张翥体）哆来咪
云影斑斑，枫华翯翯，雀随飞叶娉婷。碧草茵茵处，乍起歌声。琴乐遥来雪岭，战火中、越过山屏。童心在，艰难不惧，绝处逢生。
开怀闭眸辗转，惬意泛波澜，天籁萦萦。望里平常地，可聚飘零。孑孓蹒跚一孓，叹幸哉、文侣同行。扬华发，哆来韵味，直入青冥。

注：2024年10月13日游览位于佛蒙特州斯托（Stowe, Vermont）的《音乐之声》部分剧情发生和拍摄地，以及居中主人公特拉普的特拉普家庭旅馆（Trapp Family Lodge），词记。

【忆秦娥】年又别
潇潇雨。珍珠滴落庭前句。庭前句。凝情抱影，邀谁轻语。
总因离别缠丝絮。理丝还乱幽香缕。幽香缕。梅清菊傲，一年心许。

【瑞龙吟】二〇二五年元旦试笔

茫茫路。朝晕错点时轮，试妆星树。繁花开盛当空，朦胧醉眼，华灯乱处。

贯延伫。望里总寻乡影，草檐柴户。离家未改痴心，常萦梦里，乡音俗语。

弦起青萍暌阕，柳风吹月，关山轻舞。云鬓纵然成霜，遐迩东顾。而今又喜，同唱迎新句。微微颤、悠随丝竹，遥追趋步。莫逐鸿来去。但收惠意，侵沉乐趣。撷取微光缕。环陋室，闲观上林晴雨。文情苑囿，何妨飘絮。

【踏莎行】贺新年

刹那飞花，瞬儿唤雨。望中别样迎新趣。芸台盆落绿葱葱，临窗彩蝶亭亭伫。

几上笺开，砚中墨注。龙蛇腾跃逍遥步。乾坤幻巧弄阴晴，凡心抱朴清明处。

【踏莎行】立春

夜雾垂寒，晨曦晕浅。邀春小雀喳喳乱。柳眉难解锁冰缠，句芒未约双双燕。

一束盆芽，半笺词苑。心思注入椒盘暖。追屏社鼓奏应时，香泥已润心扉软。

【浪淘沙令】踏雪

风起雪吹天。苍蟒霄寒。当空腾矗恰鸿轩。大野合开多廓达，我踏其间。

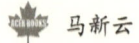 马新云

自古路艰难。贪响清欢。桃源不至水盘旋。喜看皑皑梨蕊叠，醉入阑珊。

【高山流水】在水一方
碧波澹澹草青青。有伊人，临水娉婷。云雾障关山，双鱼难托心声。回文织、锦字纵横。弦中语，徵羽宫商婉转，万壑松鸣。洛阳从别后，未负旧时盟。
相倾。烟尘不遮住，檐上月、瘦尽还盈。风雨锁琼钟，怎锁故里繁星。倩谁与、共剪窗灯。漫分得，寥落孤光一片，照影分明。指间华彩，撷荷露、浣纱汀。

【鹤冲天】佛香阁前飞别鸿
闲云玉树，笼寿山苍滴。檐角迭霞栋，金墙立。大鸿冲霄起，扶摇上、翱翔疾。舒展双双翼。漫旋倩倩，宛转怅徊画隙。
湖波映照依相惜。白羽穿影乱，鸣清笛。引吭长歌切，难别去、情丝忆。莫错君消息。冬寒时节，踏雪再归澄碧。

【厅前柳】老城早春
晓春寒。冻乍解，冰初碎，水成澜。岸前柳丝新软，逐波妍。草芽簇，翠凝烟。
极目处、疏篱黄蕊缀，昨宵回梦探依然。念念东风信，索华篇。字如面，共阑珊。

【厅前柳】古韵新声赞
序：预祝张宝国老师原创作品晚会成功而作。
盼春姿。唤细雨，呼朝日，此心痴。望冰坼清澜皱，也嫌迟。忒情切，约相知。
试烂漫、华吟融雅乐，古弦幽曲共芳菲。婉转兼豪放，各生辉。立松竹，汇兰芝。

【醉春风】 花信
陌上花心闹。香随青柳绕。啼鸣碎碎唤谁来，妙。妙。妙。照影溪前，浣衫烟渚，共成春好。
落笔黄金稿。匀墨朱砂钞。玉兰阑外正含苞，俏。俏。俏。休错时光，雁书幽曲，素洄新调。

【望远行】"长安的荔枝"观影记
一骑酡娇滴血惊，珠华犹似美人睛。山山岭岭泪河成，谁怜芜野与苍生。
红尘祭，白绫轻。月残丘上影凋零。霓裳从意舞天庭，香车难入梦中情。

【渔家傲】放舟莲湖
翠叶琼花镶水路。罗纱漫卷不堪数。幻影斑斓湖上舞。无暇顾。波光荡荡舟行处。
携酒吟歌邀旧侣。斜穿柳浪清凉误。欸乃几声风对句。云也妒。团团飘落惊飞鹭。

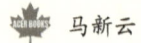 马新云

【渔家傲】晓园
破幕风催云出岫。晴曦照柳花开后。足踏华光留恋久。香满袖。藤阑深处黄金囿。
喋喋阿谁宵并昼。徘徊翠影低回首。秋扇妆奁窗前旧。君知否。芳心一点还留守。

【玉楼春】（依李煜体）初秋有思
庭前风纵枝丛秀。新雨初收凉气透。落红穿隙闹萋萋，篱菊金黄斜影瘦。
离身长使年华漏。客梦偏惊归路旧。孤鸿声碎去云低，怅望远山横雾岫。

【行香子】古韵情浓
序：二零二五年四月二十六日聆听张宝国老师为古今诗词作曲专场音乐会，有记。
幽谷琼钟。泉滴珠融。罗衫软、旖旎春丛。蝶飞幻影，燕翦晴空。正乐声扬，弦歌漫，舞姿从。
兰舟谁上，芦花谁意，古还今、恰似相同。醉怀何梦，帆逐清风。念流年远，芳华旧，恣情浓。

【八声甘州】残荷秋思
忆寒霜几次送斜阳，漫破水云空。又乱荷萧瑟，香魂零落，残伞屏风。一片秋声池满，清露洗疏丛。何处摇红影，曾映幽宫。
往事轻随梦远，怅雁行烟缈，暮色匆匆。望凉波小槛，微

月照溶溶。最无奈、病身欺老，惹愁思、遐迩慕飞蓬。青衫瘦、阑干独守，星淡苍穹。

【疏影】（依姜夔体）唐人街遇银杏秋叶
斜街独伫。但香车看尽，裙袂同舞。直干娉婷，细杪纤柔，明黄巧扮花树。当收小扇西风烈，摇叶叶、未知前路。系初心、脉络燃烧，只为怅凝孤鹜。
遥忆京西大道，撷枯复伴翠，春夏环步。共享阳光，共赏霜华，共沐晨宵雨露。红砖黛瓦高墙后，守亘古、聚金无数。盼久矣、何幸今朝，逐梦北寒相顾。
注：唐人街偶遇街角一株小银杏树，正黄叶飘飘。忆起位于三里河钓鱼台国宾馆东墙外有一条路被称为银杏大道。银杏树高昂苍劲，秋叶灿黄明快。而作。

【疏影】山野探幽
风哗绿浪。入翠微隐处，环碧延宕。荆棘繁稠，藤蔓盘缠，参差老树雄壮。银河泻下飞珠玉，坠峭涧、声悠宏荡。过雁鹏、刹那云遮，宛若夜星嘉贶。
佳惠清幽四野，品疏籁促织，遐迩交响。曲水无忧，琴瑟无端，梦醉由心何怅。青衿泽泽幽篁老，幸此刻、俗尘随想。正愕然、长调谁吟，远啸已传崖嶂。

【九张机】春意深几许
春韵姗姗多少丝，巧织缕缕入心机。
雨侵风染怀中事，但得惊雷炸裂归。

马新云

一张机。
织梭殷切在朝时。茵茵草色融春旎。
芽尖润露,玉华含雪,冰圻托柔脂。
两张机。
剪云镂月促心期。阶前百合牵连理。
卧泥冰节,迎辉玉带,花绽簇相思。
三张机。
青苴漫潜地丁肥。晴光昭映黄金蕊。
花开小朵,伞张纤细,幽梦逐风飞。
四张机。
纷纷簇簇托柔夷。玉兰粉白牵云翼。
高擎玉颊,纵娇几日,风雨染虹霓。
五张机。
萱芽早发顾窗扉。殷殷远眺高堂泪。
青衿衔报,绽花游子,岁岁顾香帷。
六张机。
雍容琼苑落霞垂。纷纷国色舒华贵。
青冥染彩,洁冰润颊,宇下众仙追。
七张机。
华光月月有惊奇。幻纷镀金无穷意。
寒芽破雪,霞光入锦,寒暑度离披。
八张机。
盈霞碎玉坠华辉。接星摘月绞绡佩。
圆圆其貌,团团聚老,烟雨送仙妃。
九张机。

小荷初露未嫌迟。碧盘玉体尖尖紫。
深宫寒垒,清波浣俗,水浴立亭姿。
花魁。
御寒贴蜡雪中梅。黄金染色冰含蕾。
云山深处,幽宫墙外,清魄润娥眉。
春雷。
乍开玉宇唤菲薇。环梁紫燕呼声脆。
韶华濡染,光涵沃野,机上彩云飞。

荣丽玮诗词集

荣丽玮，格律诗词曾发表在《加华月刊》《山东诗歌》《华侨新报》《七天报》，2019年《齐鲁文学》上、下卷，2020年《齐鲁文学》春之卷、秋之卷，"魁北克诗词研究会"网站，《华侨新视野》公众号等报纸网络上。

诗观：诗意地栖居。

【五绝】踏青

小池春水皱,野径绿苔浓。
中有双鸣雁,东风唤几重?

【五绝】观书二则

序:观方建勋老师草书苏轼《六月二十七日望湖楼醉书》视频有感。

(一)
墨色浓疏处,湖山在素笺。
一挥风万里,满目又田田。

(二)
为写江南好,来邀翰墨人。
书成莲叶动,谁惹雨声频?

【五绝】望岳对句(八则)

(一)"野鹤清晨出",出处:杜甫
野鹤清晨出,流云镇日闲。
泠泠风入涧,落落竹连山。

(二)"渭北春天树",出处:杜甫
渭北春天树,天涯夜雨灯。
年年问归雁,乡路几多层。

(三)"云薄翠微寺",出处:杜甫
云薄翠微寺,禅安扫叶僧。
知秋惟仰俯,妙法独嗟称。

（四）"浮云连海岳"，出处：杜甫
浮云连海岳，白水入苍冥。
岁晚烟波阔，江声和雁听。
（五）"江莲摇白羽"，出处：杜甫
江莲摇白羽，归棹拨金鳞。
渔父一声起，沧浪天地身。
（六）"两行秦树直"，出处：杜甫
两行秦树直，几点岭云舒。
此去凭风正，行行一箧书。
（七）"林风纤月落"，出处：杜甫
林风纤月落，江雨晓星疏。
孤棹吴歌起，烟波满客裾。
（八）"紫鳞冲岸跃"，出处：杜甫
紫鳞冲岸跃，泥燕绕梁飞。
十里杏花雨，和春缓缓归。

【五律】大河
细雨生松涧，孤云出汉关。
源深潮自阔，流远水方闲。
日作桑田里，夜栖沧海间。
亦怀川上语，嗟乎可西还！

【五律】风信
卷舒在北林，尘缓绿途深。
自别长安道，更轻游子衿。
春诗添几句？桃酒系谁心？
云水应如一，驰光解拂簪。

【五律】初夏
绿满隙光疏，听云动野蔬。
风流凭短屐，绰约岂长裾。
白发千山月，青锋十载书。
新笺递新雁，灞柳复何如？

【五律】纳凉
鸟声惊混沌，开目见明霞。
摇曳篱边叶，参差竹外芽。
锄苗红日静，汲水白云斜。
世上虽彤暑，山中好种花。

【五律】立秋
诗人赋颜色，却待雨初停。
始觉花微淡，还看石愈青。
家山连碧草，心事动浮萍。
叶落秋声起，拈来仔细听。

【五律】秋获用山菊《录秋》韵

绿黄深浅处,别有一重秋。
风雨谁家老,江湖此岁忧。
行行鸿影远,历历月痕留。
起伏皆成忆,却言惟白头。

【五律】秋雨

秋风弄素琴,竟夕抚商音。
忽落梧桐泪,旋惊羁旅心。
霜天鸣雁断,冷烛故人吟。
字字皆沾湿,偏怜叶影深。

【五律】咏枫

东林有嘉木,餐露在疏枝。
露湛堪呼酒,虑澄始论诗。
高台征雁处,芳草旅人期。
点点皆成忆,淘来作燕脂。

【五律】林有湖

犹忆听风荷,云来推绿柯。
看看衣渐缓,念念叶方多。
啼鸟归红日,流光入绛河。
一心观一树,一映一婆娑。

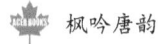

【五律】中秋（三则）

（一）
西风楼上月，顾盼自粼粼。
素魄栖新露，流光拂旧尘。
古来皆是客，今夕对何人。
却把团圆盏，多斟影与身。

（二）
今夕当望月，天涯共汉河。
黄花醅浊酒，玉柱拢清歌。
常恐征鸿少，频忧落叶多。
秋残人不至，谁为数寒柯。

（三）
良宵今又至，人月共西窗。
吟苦耽游子，事多忧故邦。
音书寄征雁，魂梦下秋江。
帆远偏惊起，身同影一双。

【五律】春夏秋冬（四则）

（一）春园
春园今又绿，苔影落呢喃。
独坐风扶袖，高吟日满衫。
烟霞心事隐，草木岁华衔。
且饮新醅茗，清芬驻世凡。

（二）夏夜
燕坐向天河，谁为掷玉梭？

流星犹可问，白发那堪多。
容易耽诗酒，无须唤奈何。
世情来复去，今看彩云过。

（三）秋湖
秋序开清景，平湖第一章。
沙鸥频顾影，汀芷暗浮香。
岁许烟波渺，风随日月长。
苇葭初白首，俯仰共苍茫。

（四）冬旅
腊新江雪轻，寒雀两三声。
路接斜阳外，舟随野渡横。
客愁风黯淡，乡思月清明。
暂歇尘埃静，长程复短程。

【七绝】题画诗
碧山衔水烟波远，青浦楼台老树寒。
雾散日高风不起，停舟独钓一江宽。

【七绝】风信
西出长安三万里，玉关遥望有孤城。
信鸿迢递寒沙浅，却道春风亦作声。

【七绝】关山雪
刁斗声断寒烟里，雪压关山几万重。
忽见红旗摧绝隘，天明已破贺兰峰。

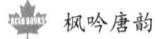

【七绝】长安月
暮卷珠帘十二重,香囊犹系荔枝茸。
清晖若解开元事,莫向长生殿里逢。

【七律】拾秋
露深更觅秋痕迹,但见山山黄叶壅。
云淡林疏霜有味,天高潭静雁无踪。
诗情百转自堪寄,心事几番谁与从。
拈得清风愁一片,分明颜色比愁浓。

【七律】中岁
莫论中年万事难,知交一二尽余欢。
雪泥鸿印寻常道,云锦字来珍重看。
多识人情深岁月,无辞酒盏任衣冠。
浮名不以文章着,自向溪头觅钓竿。

【七律】咏松
烟霞生处隐霜皮,瘦骨虽寒不觉衰。
舒卷云前皆是幻,去来石上共阿谁。
烂柯樵客惟耽酒,采药仙人且乐饥。
惯看此山风月里,葱茏千载自相宜。

荣丽玮

【七律】咏梅
缘何常掩小园门？遮了红云白玉盆。
霜冷入怀香入魄，枝寒为骨皎为魂。
峥嵘原自朔风印，绰约本来飞雪痕。
欲识容颜春尚早，一心一愿在黄昏。

【七律】咏菊（十二则）
（一）忆菊
怎堪一叶秋风思，窗外南山高峭时。
清色寒香花独立，天光云影志相知。
细观新蕊怜双瘦，漫览旧书嗟自痴。
花去书成不相见，难当最是重阳期。

（二）访菊
为觅群科作此游，去来日影却难留。
篱墙斑驳堪丛菊，苗圃琳琅好个秋。
一蕊一心人默默，盈诗盈画思悠悠。
清霜染了黄花忆，便使黄花簪白头。

（三）种菊
石头渡上去还来，鸿雁新鸣浊酒杯。
篱蕊才随云影种，秋心却被月华栽。
关山鸿雁几重度？故井黄花何处开？
萧索秋情生月下，须知月下少尘埃。
注：本地地名 Roxboro-Pierrefond，字面直译为石头渡。果然名不虚传，后园妥妥的河滩地。

（四）对菊
流光旧忆酿为金，散作满园疏与深。
高日盈襟游子思，清风过树故人吟。
花开香抱一枝冷，书老空余三径音。
记取长安秋色里，谁怜儿女看晴阴。

（五）供菊
花开奉与旧书俦，寸寸痴心通六幽。
锦绣从来耽永日，嶙峋只为驻高秋。
路长唯负一诗箧，别久常悲孤客游。
始信瞻依自篱菽，寒香寄语谨勤留。

（六）咏菊
萧瑟风霜弥岁侵，堪为宝剑铸清音。
花黄遂把有秋报，骨瘦方从正气吟。
裁句写神非顾影，簪霜入鬓总关心。
抱香枝上酬天地，天地高台出寸金。

（七）画菊
老去天涯嘲楚狂，花开人倦可思量？
故园翰墨载清气，游子衣裳记菊霜。
犹问素秋今岁冷，那知白首一程香。
匠心梦笔任图画，我与黄花立晚阳。

（八）问菊
层叠秋心此日知，黄花默默绕东篱。
谁教西岭雪窗老？惯使北荒鸿信迟？
赋稿再难酬一笑，书声犹自寄相思。
云山万里家何处？何日当称归去时？

（九）簪菊
篱蕊层开撷采忙，镜前珍重试秋妆。
妆成可向陶杯醉，醉了堪从诗赋狂。
十里啸歌今岁酿，他年心事句中霜。
鬓边自恃皆清味，新菊任簪华发旁。
（十）菊影
诗囊揽了蕊重重，一念一心探看中。
清色自当殊锦绣，霜音独负本玲珑。
抱香明信岂微物，衔素高怀荐碧空。
一萼一花重探看，几分曾赋月朦胧？
（十一）菊梦
直待秋深霜色清，一开贵重寸心明。
格高自以孤标隐，气正宁非君子盟。
依旧小花望云梦，每因寒岁作琴鸣。
云山古调三千里，徒枕书传定省情！
（十二）残菊
风搴雨凿影横欹，倏忽秋深藏用时。
叶老香凭寒髓荐，花零清向瘦枝披。
点检阶前自珍重，依稀堂上两衰迟。
诗囊收却花中骨，为赋清香怜子思。

【七律】山河四则
（一）泰山
岱宗一峙俯齐鲁，呼吸苍茫动海烟。
云影时封秦简月，松涛俱诵汉唐篇。

天梯迤逦许星汉,草木青深认岁渊。
万里等闲分众壑,独擎碧落报山川。

(二)长江
源从昆岳出天山,终古茫茫去不还。
云卷潮声湮楚塞,风摇月魄过吴关。
青春总付长帆远,白发空随钓石闲。
鸥鹭自盟沙渚事,年年来往点青纶。

(三)黄河
飞龙横亘白云寨,越壑穿山到海疆。
九曲何人叹逝水,千年惟是溯沧桑。
尘沙自铸神州骨,日月长镌华夏章。
今古精魂吹不散,昆仑风色正苍苍。

(四)长城
表里关山何处家,纵横朔漠在天涯。
堞楼云外秦时月,隘口风中塞上笳。
铁甲泠泠凋旧绿,旌旗黯黯没荒沙。
烽烟散入春蓑里,都作苍茫飞暮鸦。

【风入松】元日
松风竹影入深堂。素雪轻飏。纷纷泊泊清寒日,但微吟、又至新阳。旧茗权消良夜,老书且驻晴光。
驰心天地已茫茫。思短时长。匆匆依旧家山远,可携了、半卷诗囊?两盏今春杏酒,一枝去岁梅妆。

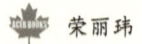 荣丽玮

【青玉案】迎春
冬来雪满关山路。雁声远、年将去。驿上梅花开几度。旧书新酒，倚阑独酌，且问家何处。
醉犹难解吟晨暮。消得芜词两三句。检点青春知底许。留连诗意，待东风起，题尽长安雨。

【玉楼春】山居
寸阴量作春时叶，松下新泥添旧碣。日高烟去见空山，岚净方闻莺语彻。
石间婉转明溪澈，碎了流云多少叠。呼来前岁烂柯人，野茗共烹邀晚月。

【鹧鸪天】送秋归
旧日池边菡萏空，苍苔点点印林红。一声征雁暮栏外，几瓣黄花晓镜中。
眉间月，鬓边风。少年心事已匆匆。长安万里归无计，独把茱萸数霭峰。

【一翦梅】云水忆
一树清风百味禅。云起心头，花落阶前。难酬林客旧箫声，今夕何如，倚酒而眠？
回望秦关瀚海间。日隐昆仑，月上东山。堪裁诗卷写流霞。顾盼鸿飞，似水华年。

【临江仙】冬日观荷花图有记
薄雾朝来萦四野，松风搅动轻寒。驱车携酒叩东园。扫阶晴雪后，佳客醉梅前。
故国依然归路远，丹青三尺漫看。半江明月与红莲。素弦咏旦暮，清韵度华年。

【忆江南】（四首）
（一）
长安好，风倚绿红间。柳眼初开当令雨，桃花微润旧时山。回望向长安。
（二）
长安望，花去满城烟。旧燕荫前青琐第，夕阳梢里紫薇垣。邀醉过长安。
（三）
长安醉，谁为驻华年。霜色新裁三径菊，风涛重上五陵原。乡梦返长安。
（四）
长安梦，雪鬓祝梅边。老去文章行矫矫，少年裘马走翩翩。还好是长安。

【少年游】（二首）
（一）山
人家总在白云间。朝暮拢轻烟。对溪吟月，临霜数叶，啼鸟自来看。
春风不禁秋几度，都化作流年。胸中经纬，万千光景，回首已忘言。
（二）水
原来海誓出天山。日月等闲看。黄沙万里，白云九曲，长啸下中川。
春秋已作花月叹，谁独问千年。这段风流，那朝陈迹，不过一杯间。

【浣溪沙】（三首）
（一）秋林
岁序虽迁亦有踪，云澄时节访林红。青春究竟籍霜浓。
一树流光簪白露，三分秋色照金风。寸心载酒自从容。
（二）中秋望月
满目皆秋独倚栏，彩云忽奉月姗姗。梧桐影瘦碎清妍。
几处汀洲书雁过，一楼风露故人还。相看不必问流年。
（三）竹
慧叶禅枝雨后青。素心玉节石为盟。临风还按碧箫声。
邀作七贤琴外客，许称六逸酒中名。此身常证月华明。

【行香子】星（三首）
（一）
平野清明，朗夜疏云。一帘河汉覆红尘。恢恢天地，不昧而循。看长庚暗，璿玑转，紫微存。
纵衡四象，同归沧海，各限流光赋青春。大荒之外，暂寄微身。可习今古，察经纬，证乾坤。

(二)

清汉迢遥,四野无尘。夜风流转蛰声匀。丁东更漏,邂逅嘉辰。可访青丘,动河鼓,渡天津。

谁家儿女,看那彴约,结罗衣暗许频频。姻缘石上,还了缘因。怕爱千般,苦一世,恨三分。

(三)

云淡风微,旅夜孤舟。半江晶影半江鸥。谁倾河汉,映了双眸。便知明暗,经冷暖,任沉浮。

分莹掬野,长庚绕手,看光阴自在东流。生如此水,一梦幽幽。却迷难醒,醒难醉,醉难休。

宋兰诗词集

宋兰，项目管理与图情学双硕士，魁北克华人作家协会会员。2010–2012年在《华侨新报》发表散文和编译稿件共五万余字，代表作有《魁北克黑手党风云——教父维托·理祖托的崛起与没落》。2015–2017年为《路比华讯》"笔缘"栏目撰写散文与游记三万余字，代表作有《游走中东——约旦以色列纪行》。2018–2025年加入芸香诗社，其格律诗词作品由社长组织选稿并发表于多家刊物，主要发表平台为《华侨新报》副刊。另有作品发表于《望岳海外书院》公众号和《竹韵海外》诗词公众号。

诗观：言之有物，言之有情。

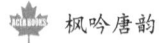

【五绝】闲钓
绿柳随风舞，湖山淡日斜。
轻舟闲静钓，水动悄生花。

【五绝】早春
霜晨听细雨，晚日染苍穹。
草树知春近，新藏一点红。

【五绝】名士
点墨染梅香，琴歌借酒狂。
朝来追鹤影，月下论玄章。

【五绝】秋宫夜
愁听弄玉筝，月淡景伤情。
冷鼎残香烬，空庭落叶轻。

【五绝】梅兰竹菊四则
（一）咏梅
欺霜还傲雪，玉骨莫知寒。
月下花姿妩，幽香待夜阑。
（二）咏兰
倩影落寒泉，幽兰在在眠。
孤芳偏自赏，淡泊度流年。
（三）咏竹
劲节凌空立，风来翠叶飞。

初心从不改，万载望云归。
（四）咏菊
秋华艳艳开，抱蕊傲花台。
不惧冬来早，凌寒伴雪梅。

【五绝】梅兰竹菊又四则
（一）咏梅
疏红千细蕊，小苑几枝残。
任雪埋芳骨，幽香傲岁寒。
（二）咏兰
只影映窗娴，娇兰巧解颜。
花时争艳短，不若抱香闲。
（三）咏竹
自有凌云处，亲疏不入心。
生来多劲节，笑对疾风侵。
（四）咏菊
篱边几落霞，故里再黄花。
又忆重阳日，辞青采菊茶。

【五律】咏李清照
雨急怜红落，浮舟醉晚荷。
诗成奇气溢，录纂美名多。
历乱惜焚稿，悲时叹弃戈。
婉词风骨凛，何惧世评苛。
注：明代陈宏绪的《寒夜录》评李清照诗"奇气横溢"。

李清照夫妇合著有金石学著作《金石录》。

【五律】习画
灯柔凉夜静,笔影落窗纱。
闲染楚山月,醉勾云梦霞。
丹青描雀羽,水墨绽荷花。
去国思乡久,无声写故家。

【五律】春行
风和迟日媚,野径淡云山。
静坐听青鸟,悠行赏碧湾。
鸳浮流水上,鹿懒落花间。
蜂蝶逐香舞,春光莫等闲。

【五律】忆夏
梦返楚波亭,遥遥夏夜星。
风穿牵柳叶,鱼跃动江萍。
钓客堤边坐,画船桥下经。
依稀闻浪涌,旧事尽飘零。

【五律】秋景
露重秋霜白,寒蝉语不穷。
月明三五夜,霞染万千枫。
幽菊开篱下,残荷立水东。
清商萧瑟处,遥见一孤鸿。

 宋兰

【五律】迎春有感
乙巳金蛇岁,如梭又一春。
松筠迎雪傲,砥砺栉风辛。
故土远千里,离人梦几旬。
光阴难再返,不过旧时尘。

【五言排律】白娘子传
峨眉初悟道,白蟒化娇娘。
楚楚仙姿逸,盈盈笑靥常。
还恩入尘世,携婢下苏杭。
正赏西湖美,恰逢雷雨狂。
同船交俊彦,共伞恋红妆。
鸾凤和鸣处,神医义诊堂。
争风偷岁贡,盗库助夫郎。
端午须臾至,雄黄忐忑尝。
书生惊巨变,许妇泣新丧。
急觅雪莲返,安知禅院藏。
蛇妖淹古寺,长老筑高塘。
宝塔金盂镇,断桥残月伤。
千年如一梦,爱恨两茫茫。

【七绝】秋风秋景
落叶随风轻曼舞,清商起处雁南归。
千山静待烟霞染,携友临峰望绮晖。

【七绝】秋山行
信步秋林日影斜,纷飞槭叶落谁家。
山居早忘浮生事,寂谷蝉鸣扰院花。

【七绝】把酒赏月
冷月如霜夜未央,离人独醉静思乡。
红檀细箸黄花酒,盏盏清愁又一觞。

【七绝】雪夜
皑皑白雪莹莹月,万树银花万里砂。
一抹疏香轻入室,尘嚣散尽梦芳华。

【七绝】明月
素魄清辉夜色凉,寒枝疏影淡凝霜。
离人共此一轮月,寄语嫦娥照故乡。

【七绝】弈棋
千军万马骋方盘,黑白交锋胜负难。
一子轻心局生变,临危不乱挽狂澜。

【七律】忆长江
犹记当年江畔霞,渡船逐浪去谁家。
长桥飞架通州镇,扬子奔流荡砾沙。
树隐晴川千鹤返,烟笼寒水百帆斜。
虽今客梦潮声远,明月清辉共两涯。
注:长江又名扬子江。

 宋兰

【七律】泰山吟
绝顶凌云为岳首,苍崖旭日映群峰。
春归花树千枝艳,夏至烟霞万缕彤。
灼灼秋枫环古殿,皑皑冬雪覆灵松。
题铭镌刻乾坤事,圣地犹存汉武踪。

【七律】长城吟
雄关万里天梯险,汉瓦秦砖岁月藏。
鼓急当年寒铁骑,苔深今日覆残墙。
幽王误国烽烟错,孟女寻夫血泪殇。
乱世春秋如梦逝,荒垣不语沐斜阳。

【七律】咏苏轼
宦海沉浮数历冬,闲看风雨自从容。
兴文治学泽千代,济世修渠惠万农。
曾赏东栏一株雪,再吟南岭几章松。
人间百味诗中赋,书画藏情只此宗。

【七律】咏辛弃疾
冰河踏碎破军回,一啸惊天寇胆摧。
戎马平生豪气盛,仕途多舛壮心灰。
悬弓种柳耕乡垄,纵笔鸣弦醉石台。
夜半忽醒悲白发,金戈入梦鼓如雷。

【七律】用韵无题诗谨和李商隐先生
万里关山夜色残，红梅被雪朔风寒。
空庭寂月听清漏，只影孤灯映画干。
又忆京华白驹逝，重添绛蜡锦书看。
天涯梦远身为客，此去经年再见难。
注：见黄庭坚先生《次韵杜仲观二绝·其一》："鸟啼花动却春寒，雨压青旗卷画干。"

【七律】致琼瑶
坎坷风霜诚自有，今生笑对凭歌酒。
梅花香盛彩云东，火鸟情燃烟雨后。
寂月终宵伴夜灯，斜阳几度眠窗牖。
何妨永作梦中人，且觅繁星为醉友。

【七言古体】昭君出塞
妾过潼关万壑遥，琴凄雁落雨飘萧。
当年画匠怀私陷，数载孤灯任鬓凋。
胡主来朝求敕赐，掖庭待选呈高志。
仙姿绝世汉宫奇，月貌倾城天子醉。
愧信丹青误爱妃，若收诏谕损君威。
奴今不悔登程去，朔漠清笳几日归。

【七言古体】叹西施
若耶溪畔玉娥娇，乡里浣纱多采樵。
星落双眸眉似蹙，樱唇一点画难描。

 宋兰

红颜却作谋臣剑,翠袖能倾吴氏朝。
忍辱诱君轻国事,馆娃媚惑陷春宵。
金戈动地烽烟至,血染姑苏銮驾坠。
祈盼功成返故家,谁料越后何骄恣。
茫茫湖水倩魂销,寂寂云峰忠骨识。
青史怜芳记素心,浣纱石上千行泪。
兴亡怎怨舞姿娆,原是英雄自折腰。

【疏影】蒙城夏游
乘风戏浪。有翠藤绿柳,临水相望。寂寂残红,将暮行云,还舟归去随桨。翩鸥慢舞黄昏近,着淡月、疏桐梢上。紫陌长、袅袅炊烟,三五友同斯飨。
闲论平生趣事,看篝火焱焱,谈笑声朗。向晚凉风,星斗漫天,夜色阑珊共赏。倏然小兽衔烧烤,惹众乐、林间奔往。语渐轻、梦远心随,拍岸浪花犹响。

【忆秦娥】寒夜雨雪
寒夜雨。客思烦扰难成句。难成句。愁怀寄酒,醉听花语。
雨休雪舞如飞絮。暖厅瑶华香千缕。香千缕。清宁满室,心安几许。

【忆江南】江南柳
江南柳,烟雨画桥边。秀叶迎风轻起舞,纤丝弄影静牵缠。摇曳可堪怜。

【点绛唇】归期
又梦归期，当年故友同欢宴。月明歌慢。醉看华灯乱。
去国长离，廿载悲欢半。家山远。几番殷盼。恨不随南雁。

【卜算子】迎春
迟日照轩窗，萼影迎春驻。寒峭新红胜霁霞，更有飞莺舞。
烟树隐新楼，向晚听潇雨。醉眼相望笑旅愁，不问冬归处。

【苏慕遮】冬日踏雪
日迟天，霜满地。万里银装，冰掩松枝翠。点黛寒山环逝水。玉树娉婷，素腊初含蕊。
觅梅魂，追柏志。持杖寻幽，惊扰琼花坠。旷野孤行心自喜。踏雪留痕，共鹿林中戏。

【如梦令】闲居
窗外露凝霜重，闲把瑶琴轻弄。一曲和清商，却见白狸幽梦。风动，风动，满室柰花香送。

【阮郎归】秋思
残红吹落又秋初，从来霜冷徐。杳濛凄雨落庭梧，小园悄换图。
香已烬，梦寻无，窗隅叶已枯。酒凉忽觉旧年愚，人心与岁殊。

 宋兰

【虞美人】逆旅

几程山水浮生路,何处无风雨。踏花纵马过千林,不忘清风明月少年心。

相逢一笑情长在,难抵桑田改。流光易逝去匆匆,只叹红尘过客又西东!

【相见欢】赠别

当年佳节同游,正清秋。犹记寒山枫岸荡轻舟。

离别泪,忍相对,不胜愁。愿友青云千里总无忧!

【西江月】终不似,少年游

漏夜月明灯皎,冷春花暗霜凋。东风偏妒翠娥娇,忍让香魂飘渺。

曾是共游欢语,不堪长忆良宵。无常世事碎琨瑶,念念幽芳未了。

【行香子】西游之情误女儿国

枉自心倾,错付佳盟。怨云僧、约誓难成。衾寒烛冷,残月孤亭。误前生缘,今生恋,来生情。

迢迢长路,寂寂青灯。灵台净、禅性清明。红尘皆弃,终负卿卿。任花如锦,人如玉,目如星。

【钗头凤】红楼梦

缘难守,情惭负,绛珠前约今知否。仙姝弱,秋云薄,花飞花谢,落红何若。寞!寞!寞!

芙蓉瘦，瑶钗旧，晓风吹乱飘摇柳。金丝雀，金陵爵，一朝倾覆，可怜纷浊。错！错！错！

【青玉案】武松

气昂昂醉诛山虎，雪兄恨，除奸妇。铁胆忠肝真草莽，万夫难挡，千刀不惧，为寇行僧武。

遇围大闹飞云浦，杀尽凶邪始平怒。侠义威名惊水浒，江湖风起，英雄星聚，天道昭彰处。

【满江红】叹三国

乱世争雄，西风烈、明谋暗夺。东逝水、浪花惊岸，夕阳染血。鼙鼓动天烽火炽，青梅煮酒山河迭。只渔樵，看故垒边沙，千江雪。

豆萁烬，兄弟伐。霜月泣，貂蝉殁。叹中原逐鹿，义抛情绝。成败是非皆幻梦，功勋荣辱终无物。须勘破、这万载虚名，轻如叶！

王瑞文诗词集

王瑞文,格律诗词曾发表在《山东诗歌》《当代诗歌地理》《华侨新报》"魁北克诗词研究会"网站,《华侨新视野》《望岳海外书院》公众号等报纸网络上。2024年参与《枫吟唐韵》诗词集新书,集成《王瑞文诗词集》。

诗观:真情吟咏四季之歌。

【五绝】谷雨
日暮暖风轻，林蛙彻夜鸣。
枫乡春步缓，谷雨尚寒清。

【五绝】春日
暖日忙缠雾，清风自卷帘。
林深传鸟唱，水岸柳烟纤。

【五绝】蒲公英
春寒雪尚飘，叶角露青娇。
采食烹鲜味，医方病灶消。

【五绝】步韵敬和王维相思
清霜临北驿，枫火灼寒枝。
拾叶摹心字，随风寄远思。

【五绝】贺望岳学堂开学
春风吹岱岳，雅韵启新声。
笔纳高峰秀，诗承一脉清。

【五绝】梅兰竹菊四则
（一）咏梅
凌寒开小蕊，卧雪自逍遥。
不在繁华里，幽香暗旷霄。
（二）咏兰
谷静绝嚣尘，风清自可亲。

甘同幽石老,不共俗花春。
(三)咏竹
挺拔穿云汉,心空节自高。
浮华皆可舍,立愿在清豪。
(四)咏菊
霜清菊绽华,露冷倚篱斜。
淡泊存真性,何须众口夸。

【五绝】起句引用杜甫原玉联咏
(一)"渭北春天树"
渭北春天树,汉南阡陌花。
秦腔犹震野,霸业已沉沙。
(二)"暗水流花径"
暗水流花径,孤云坠树梢。
闲庭茶一盏,烦事尽全抛。
(三)"名园依绿水"
名园依绿水,细雨沐清荷。
风助鸥飞远,舟横弄钓波。
(四)"卑枝低结子"
卑枝低结子,古木乱鸣鸦。
月照山前谷,秋风飘暮纱。
(五)"绿垂风折笋"
绿垂风折笋,春晚径飞花。
残雨敲荷盖,新烟笼柳纱。
(六)"野老来看客"

野老来看客，雀莺飞入堂。
溪云初照影，茶沸一帘香。
（七）"夜静虫声闹"
夜静虫声闹，星阑客梦生。
推窗纳山影，风过野泉清。
（八）"棘树寒云色"
棘树寒云色，山乡日暮霞。
炊烟馋犬吠，游子夜归家。
（九）"脆添生菜美"
脆添生菜美，竹炖素锅香。
野老添双盏，灯前话稻桑。
（十）"脆添生菜美"
脆添生菜美，雨过彩霞红。
稚子追黄蝶，穿篱入菜丛。
（十一）"野鹤清晨出"
野鹤清晨出，沙鸥碧水游。
忽闻芦笛响，白发去孤舟。
（十二）"醉把清荷叶"
醉把清荷叶，闲观绿水波。
何来双鹭起，洒我一身歌。
（十三）"坐对秦山晚"
坐对秦山晚，迎来秋雨凉。
孤灯明古卷，一雁叫清霜。
（十四）"床上书连屋"
床上书连屋，天空月满弦。

墨香匀静夜，笔影落春烟。
（十五）"醒酒微风入"
醒酒微风入，凭窗素月穿。
风惊云过影，竹露正调弦。
（十六）"出门流水住"
出门流水住，仰首看花飞。
白鹭飘然至，衔云入翠微。
（十七）"自笑灯前舞"
自笑灯前舞，剑随杯酒行。
孤光浮夜幕，长啸抒豪情。
（十八）"花妥莺捎蝶"
花妥莺捎蝶，蜂穿蕊漫香。
熏风惊乍起，华彩四飞扬。
（十九）"云薄翠微寺"
云薄翠微寺，林深暮色钟。
僧归苔径月，鹤唳野烟松。
（二十）"石栏斜点笔"
石栏斜点笔，文案津书香。
月探芸窗静，风移竹影凉。
（二十一）"翡翠鸣衣桁"
翡翠鸣衣桁，雁鸥游水塘。
忽惊莲叶动，一尾映银光。
（二十二）"手自移蒲柳"
手自移蒲柳，身躬插稻秧。
忽闻田父笑，夕照满箩筐。

（二十三）"蹉跎暮容色"
蹉跎暮容色，寂寞向天歌。
忽有孤云过，随风到薜萝。

（二十四）"无计回船下"
无计回船下，举头观月愁。
一声长啸起，散作五湖秋。

（二十五）"天宇清霜净"
天宇清霜净，山林碧月明。
幽人临水坐，鹤影入诗情。

（二十六）"两行秦树直"
两行秦树直，一片蜀天蓝。
越嶂青猿啸，孤云落碧潭。

（二十七）"隐吏逢梅福"
隐吏逢梅福，游仙访葛洪。
空山松子落，幽涧白云笼。

（二十八）"检书烧烛短"
检书烧烛短，望月去辉长。
忽有松风至，临窗一砚凉。

（二十九）"鲜鲫银丝脍"
鲜鲫银丝脍，香菌玉液烹。
池风惊鹭起，雪絮入云清。

【五绝】听琴
临弦轮朔气，指下蛰龙吟。
长拂松山静，冰心照古今。

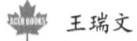

注：轮和拂都是古琴的指法。

【五律】依韵敬和贾岛题李凝幽居
深庭邻鹤径，曲岸接芳园。
鹿饮溪边月，风推竹外门。
苍波沉斗柄，寒石揽云痕。
此处忘机久，何须问世喧。

【五律】春夏秋冬四则
（一）咏春
东君巡野陌，万象启新篇。
冻解醒雷杖，冰消化雨弦。
兴衰观草色，冷暖问炊烟。
莫负三春力，光阴最值钱。
（二）咏夏
竹影扫阶凉，荷风入牖香。
蝉嘶高树内，鹤立浅滩旁。
骤雨磨天镜，新霞浣日光。
荣枯窥造化，意远即仙乡。
（三）咏秋
瑟瑟惊蝉去，迢迢客雁还。
云开千嶂晓，露染万林颜。
得失棋枰外，浮生酒盏间。
谁怜江上月，依旧照关山。

(四）咏冬
松涛动晓寒，雪印篆荒残。
壑绝冰垂柱，河深浪拍滩。
观空知物性，守寂得天宽。
万类藏真宰，春风已暗攒。

【五律】观书法
砚池吞日月，毫颖写春秋。
折笔苍无迹，藏锋白几留。
欲狂翻促敛，将放复含收。
一点乾坤气，氤氲纸上浮。

【五律】读王维
少壮怀明志，衰年悟色空。
松邀云外月，泉涤世间风。
宦迹铺陈雪，禅心映彩虹。
波遥天宇阔，一苇渡鸿蒙。

【五律】读高适
邺城观落日，孤戍赴黄埃。
浊世书生志，风尘侠客哀。
千峰连朔漠，万里寄寒梅。
莫道无知己，天涯共月台。

【五律】潮生

异域金风起,江澜涌碧苍。
举头瞻素魄,倚槛溯清光。
雁断云崖远,潮生水汽扬。
欲裁秋一缕,遥寄万重乡。

【七绝】初秋

凉生玉簟暑初收,一叶枫红报早秋。
云影淡移溪上暮,蛩声低唤客边愁。

【七绝】盛夏归程

骄阳一路树移斜,风掠青禾卷野花。
窗外蝉鸣催客急,炊烟起处是吾家。

【七绝】风花雪月四则

(一)风

过岭穿林多快意,扶摇直上破云霾。
虽无强骨撑天地,却使山河换旧骸。

(二)花

芳菲次第竞春时,艳李秾桃各展姿。
莫道繁华终有尽,香魂入土亦成诗。

(三)雪

漫天玉蝶随风舞,万里山河裹素装。
莫道寒深无暖意,冰心一片孕春阳。

(四) 月
皎洁千年照九州，阴晴圆缺总无求。
清明巧借辉光耀，自在天河独泛舟。

【七绝】围棋
星阵横空战未穷，孤征劫海各称雄。
岂因得失囚心魄，天地原来一局中。

【七律】用韵敬和李商隐无题
露凝蛛网月光残，风动苍林驿舍寒。
半幕星辉云外冷，五更烛泪镜中干。
徘徊野菊该详品，踯躅长河须细看。
青鸟若知沧海阔，应怜鱼素寄途难。

【七律】咏人间有味是清欢得清字
柴门虚掩夏风清，绕舍荷香带露生。
闲对流云观聚散，静随蝉韵理桐筝。
新茶入盏氤氲趣，古卷临窗素洁名。
浮世纷华皆过耳，心灯无垢即蓬瀛。

【排律】叹孟姜女
孤坟遥对塞墉湄，千载犹闻泣血悲。
织锦空传归客信，寒衣枉寄故园澌。
泪倾雉堞风兼雨，魂逐关河日已垂。
一恸长城砖石裂，万夫枯骨草莱披。

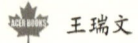 王瑞文

君王意气开边土,黔首肝肠任割夷。
险固终随民力竭,繁华难掩黍歌辞。
荒丘岁岁埋离恨,古道萧萧送晚曦。
莫叹兴亡凭天障,人心原是定邦基。

【七律】读辛弃疾
醉眼蒙蒙看剑影,梦回吹角泪空流。
亭台怀古英雄老,雁阵追云荻草柔。
棘树铜驼吟不尽,琵琶铁板唱难休。
经纶已往丹心在,未负青山望白鸥。

【七律】读李清照
漱玉词华绝世才,半生云锦半生哀。
悲怜堂外黄花落,寄予城中素影徊。
雨滴梧桐惊梦断,笺传雁阵去声催。
绿肥红瘦东风老,墨染幽情入卷来。

【七律】尚国画
墨匀五色写青山,虚实勾皴见大观。
焦处风雷生笔底,湿时烟雨出毫端。
三矾九染藏深远,一纸千年说未完。
留白非空真意在,澄怀味象得天宽。

【七律】早春飘雪感怀
玉妃昨夜下瑶津，误遣寒英报早春。
幼草醒苏冰甲破，冻檐融滴玉帘新。
风刀剺面欺单袂，炉火温肠慰俗身。
梅萼雪含香暗度，旅途堪醉望冰轮。

【七律】暮春飞雪
梨云漫卷蔽晴霄，欲掩青痕雪落骄。
冻草才舒三寸甲，冰绡又裹万林腰。
千山琼蕊参差绽，一夕银妆次第雕。
谁解东君翻覆变，春芽未展却魂消。

【七律】咏泰山
壁立青冥擎日月，峦浮紫霭势巍然。
危岩高耸千秋石，古木横参九宇巅。
踏破层云终见顶，拨开迷雾始知天。
登临当抒英雄气，满目豪情越碧渊。

【七律】咏黄河
天河奔涌几千秋，功过滔滔史笔留。
哺育苍生盈沃野，怒吞城郭化荒丘。
禹王凿迹平民福，黎庶沉沙战乱愁。
今有金堤关巨浪，安澜终见展新猷。

【七律】咏长城

群山铸印钤苍野，一抹晨曦揽九州。
石脉暗藏秦代血，风声偏说汉时秋。
城头历历更旗帜，垛口巍巍试宛骝。
唯叹边墙残破处，浮云又托过鸿啾。

【七律】咏长江

万里奔雷下玉穹，千峰勒马势归东。
云撕夔峡天成线，日淬铜陵浪映虹。
载月舟沉兴废事，排空沫卷古今雄。
莫言到海征程尽，更送船帆向远鸿。

【七律】夏河之韵二则

（一）
长河昼夜卷云沙，势下沧溟不可遮。
快艇劈波惊白鹭，乱凫争食闹青葭。
旋旋沫散沉残日，荡荡光摇碎晚霞。
忽觉人生身如芥，滔尽亘古纵穷涯。

（二）
枫阴小院接汀洲，暑气全消翠欲流。
松鼠窜枝摇露坠，雏莺学语傍檐啾。
闲看蚁阵巡苔砌，偶有鱼痕破镜泅。
最是怡神斜照里，盈盈金碎一河幽。

【古风】玉环冤

霓裳初动绛霞翩,嫁入王门正绮年。
迷醉承平歌舞盛,潜延嵬陂荡尘烟。

龙池诏易偷飘泪,翁子婚违伦教义。
宸念床欢不早朝,渔阳鼓起兵戎事。

銮舆西幸弃秦乡,甲士东哗驻驿旁。
素练一条收艳骨,啼鹃几点染残光。

香魂未泯萦芳倩,暮雨频摧延赤溅。
若论蛾眉致国倾,应思庙略已移变。

衰亡枢纽是根源。粉黛何尝负恶言。
独有寒漪留旧魄,千秋枉罪叩天阍。

【七律】赏菊有思

摇曳金英阶下碎,露凝玉瓣岸边孤。
徘徊烟渚伤秋暮,仰俯冰蟾忆客途。
采菊篱前空问月,望鸿陌上信传无。
馨香漫逐西风远,万里相思寄一株。

【忆江南】闲钓

波微处,风软荡晴光。乍动垂丝云影碎,闲观摇桨水天长。一线钓清凉。

【青玉案】孤雁鸣
长鸣声彻苍空绕。一孤影、如云渺。或是离群孤独好?霜襟衔雪,风梭织晓。潇洒寒光矫。
未曾南赴经年道,未慕鱼乡锦华闹。试任清魂翔羽傲。月明千嶂,星垂九耀。历啸欢然老。

【浣溪沙】林中漫步
林樾深深碎影斜,风梳碧叶响沙沙,蝉琴鸟笛竞喧哗。
松鼠蹿枝惊玉露,晴光穿隙织金纱。苔痕漫印记生涯。

【踏莎行】登山
石径盘云,危崖截雾。攀藤附葛寻幽趣。林间蝉噪奏清音,岩苔滑腻凝秋露。
汗透征衫,情随健步。天风激荡环胸腑。仰看云气绕层峦,更高峰影青冥住。

【踏莎行】迎新春
佛晓鸣钟,遐思逐雁。紫云霞起晨阳灿。冰河莽莽绘华图,皑皑瑞雪辉光漫。
新运初临,清风渐暖。万般心事随春展。且乘岁首意昂扬,直追曙色前程远。

【苏幕遮】激流划舟
桨翻银,波卷雪。晴日飞舟,劈碎天光阔。旋避环礁穿险越。急转腾空,影逐云千叠。

意难宁，心更热。静泊湾头，风定微澜澈。当似征途知曲折。入得艰辛，始悟平安悦。

【莺啼序】（吴文英体）蛇年早春
琼花玉鸾漫卷，乱街区巷路。缀檐角、冰笋成帘，恰楼宇接云絮。望原野、银光闪耀，龙蛇莽莽延绵处。趁飞花瑞雪，新妆砌阑雕树。
小雀扬威，登枝吟唱，对春神祈诉。须晴日、鹅鸭追欢，引儿携女慢步。傲枝头、红梅待放，荡垂柳、婆娑轻舞。立严寒、松柏高昂，风姿如故。
江南遥想，啼血子规，唤来东风顾。烟雾笼、江红岸碧，野鹤悠游，浪逐苍空，橹帆穿渡。天街苏雨，香芽嫩叶，穿林双燕呢喃语。有蓑翁、水渚钓闲趣。峰峦郁黛，水郭墨染丹青，禾田徜徉鸥鹭。
梦醒异国，辗转他乡，为客还为主。系牵绊、离痕难抚。贯盼归鸿，锦信常托，勤书罗素。凭窗迴眺，烟云翻滚，纷争世事何所虑，品香茶、箫管飘柴户。满樽静待朝阳，种菊栽桃，陋庐醉赋。

【鹧鸪天】春雪
白絮梨花自在扬，琼妃宛转舞霓裳。柳眉旧梦尚笼月，梅蕊新枝已透香。
天浩阔，野迷茫。似闻鸿雁过山冈。清心闭户温樽酒，替代东风驱沁凉。

【鹧鸪天】雏雁初长成
新羽初丰趁晓光。阶前啄草自徜徉。逐风奔跑常怀趣,试跳腾飞几欲翔。
声渐壮,意方扬。排成人字破苍茫。征途万里凭谁问,天地为笺写一行。

【鹤冲天】天鹅挥别佛香阁
仙翎振雪,影破明湖浪。暂借玉澜阁,柔姿放。久沉迷霭暖,烟波外、青云望。北有催归杖。试风引颈,一唳九天清朗。
蓬间燕雀争檐巷。卿举鸿达志,凌霄上。不惧遥遥路,衔月魄、豪情荡。最喜攀越障。只争朝夕,共谱大千春唱。

【厅前柳】仲春
仲春天。雪雨乱,阴晴变,尚微寒。看堤岸坚冰坼,野凫喧。暮光染,水笼烟。
柳眼展、微风吹拂软,唤山林待秀芳妍。一盏清明月,落江间。举杯酒,赋新篇。

【浣溪沙】清明拜
又是清明阴雨连,心思牵引半空悬。山间扫墓队绵延。
缭绕青烟香火旺,笃仁慈佑告先贤。仰天叩拜意诚虔。

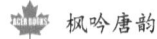

【如梦令】清明诉
踏上清明阴雨，遥对墓堂烟缕。游子具飘零，心绪踌躇无主。
悲苦，悲苦，话语向谁倾吐

【忆秦娥】清明啼
清明到，荒坟添土青烟袅。青烟袅，呢喃抽泣，纸钱酬告。
先贤在世理应孝，莫为逆子天难绕。天难绕，哭坟叩拜，亦是不肖。

【忆秦娥】别绪
风萧索，故园斜日牵离魄。牵离魄，一声雁唳，暮云飘落。
天涯此去关山邈，客愁随逐秋江扩。秋江扩，寸心千里，梦魂长泊。

【减字木兰花】清明叹
雨蒙野旷，烟绕坟茔心怅惘。哭诉声亢，引看谁人眼泪汪。
几多厚葬，皆为人前颜面亮。尊老纲常，尽孝生前福满堂。

【醉春风】 春潮
渚暖群凫闹。芦丛清气绕。波中遥遣玉音来，妙。妙。妙。
霞染澄澜，暮沉津渡，橹移星跳。
夜静辉光耀。蟾宫金粟小。绕江芳甸照花林，俏。俏。俏。
休负天工，锦鳞传契，浪吟新调。

王瑞文

【望远行】归雁吟一（依李璟正体）
冻羽穿云破曙明，寒汀孤影踏霜程。寻来旧地理残翎，斜晖沉水暮烟平。
栖沙白，潜波清。荻风摇雪护雏灵。扶摇天地翼如旌，归来犹念故园情。

【望远行】归雁吟二（依李璟正体）
碧水衔云照影明，芦风梳羽碎萍星。前滩草色引雏行，荒州烟树隐凫声。
霜途远，雁鸣轻。半程风雨篆人形。斜阳无语照长汀，秋深谁共说归程？

【渔家傲】题夏日荷塘照
荡荡扁舟分荇浦。锦鳞摇摆荷盘露。白鹭低飞频寄语。风暗度。一襟香染清凉住。
蛙鼓徘徊莲座屿。蜻蜓乱点琉璃雨。身外浮名无须顾。幽栖处。余年自适闲中趣。

【阮郎归】鹿鸣河岸
长河碧岸远连天。呦呦声近传。灵身幻化影团团。波光闪玉澜。
衔瑞草，踏青莲。仙踪绕树间。蓦然惊觉是前缘。千年鹿梦圆。

【点绛唇】初秋吟
暑气徘徊,金风暗度梧桐院。叶飞千片。漫谱秋声卷。
露冷蛩吟,月映星河转。凝目看。斗移参换。天道循环现。

【卜算子】菜园放歌
汗浸湿青衫,手把锄头慢。种得千丝故土牵,瓜豆盈畦满。
风过送清欢,月影篱边伴。客里偏寻五柳踪,菊蕊含香暖。

【虞美人】闲居
窗涵岸柳摇波绿,风动荷香逐。依流伫立木阑干,看取游鱼轻拨水中天。
案头旧卷余尘少,檐下禽鸣早。静思浮世几奔忙,怅慕阶前青草自舒张。

【定风波】故人携乡音至
轻叩柴扉犬吠欢,故人临访至庭轩。执手灯前询旧事,犹记,槐根石井话当年。
瓦老苔深萱草瘦,风骤,鹧鸪声里雨如烟。廿载牡丹红未改,谁在?斜阳立尽短篱边。

【西江月】思归
霜染篱边枫色,月浮河上波光。凭栏素影立成双,雁过无声夜长。
旧巷苔痕犹记,故园菊蕊应黄。盈亏自古是寻常,总照离人鬓上。

【满江红】说水浒

无道朝纲,罡星坠、悲云烈烈。看宦海、腐泉荒野,朽楹摧堞。泼日狱冤焚气魄,遮云命债萦弓钺。怎禁得、枷锁碎肝肠,苍生厄。

蓼儿渚,舟似月。山寨水,旗如血。聚厅堂盟誓,替天诛孽。肝胆一杯酬社稷,头颅百掷惊宫阙。叹招安、魂断说谁听,孤鸿咽。

【念奴娇】话三国

吴江火烈,叹三分天下,炎炎初灼。赤壁东风惊骤起,卷尽千帆如削。铜雀春深,锦屏山暗,霸业空筹度。云垂星坠,一时龙虎相搏。

谁料司马图成,阴符暗握,终作新朝朔。五丈原头秋露重,独照孤忠难托。晋阙尘生,铜驼草没,断戟沉沙壑。青山依旧,数声渔笛寥廓。

【雨霖铃】侃西游

玄兵惩肃,屡经荒劫,万嶂危蹙。除平洞阙幽窟,初窥幻相,灵山虚目。咒锁铭纹怎解?竟仙佛同屋!笑孽障、皆戴星冠,殿上高香蔽云烛。

妖魔本是天尊畜,更那堪、梵唱凌霄沐。雷音隐现魑魅,凭棒啸、未拿金簇。九九归真,空有、莲经万卷尘覆。剩几句、超度谁终?冷雨铃终曲。

【满庭芳】叹红楼
粉腻脂香,金迷纸醉,一时风月无边。绣帘轻卷,歌舞闹华筵。谁料繁华似梦,春归去、雨打花残。朱楼圮,雕梁尘暗,往事逐寒烟。
堪怜,人散后,痴心尽付,旧恨难填。叹诸钗赊微,各自飘迁。漫说前缘已定,终不过、聚散由天。浮生里,荣枯有定,盛败总循环。

【玉楼春】秋念
红黄为韵风摇秀,山野丹枫枝染透。噪蝉残语诉金秋,凉露轻沾侵入袖。
菊篱初绽寒香瘦,望里闲云飘故旧。乡关光景恰从前?半醉倚阑凝远岫。

【桂枝香】秋雨
枫林雨骤。正万点黄红,铺径堆绣。何奈寒生薄袄,又添孱愀。昏空漫锁云无际,望乡关、路迷烟岫。客愁难遣,孤窗独对,滴阶声旧。
念故园、霜华未久。想篱菊初开,谁共斟酒?雁影横天,带去念思清绺。年来踪迹如萍泛,怕归期、又复潮候。夜消晓至,晨光淡绪,送他长昼。

【最高楼】(辛弃疾体)驱车赏枫
秋风起,树上落新帷。望里揽云衣。丹霞燃处烟光沸,金光梳叶露华晞。叠高低,穿远近,闪涟漪。

幻影过、入眸何秀美？极目处、远山奔眼底。穹宇下，纵情驰。浮生惯作蜉蝣寄，仲秋恰共岁寒知。任逍遥，观烂漫，化无为。

【九张机】夏韵
序：倚异国之河滨，织九章之幽绪。借机杼之音，寄桑梓之念，裁云镂月，尽付清词。
一掷流光一缕思，河声日夜织成诗。
千重树影藏乡梦，万点星霜染鬓丝。
一张机。
朝霞染水泛金漪。晨风戏柳千丝细。
松针垂露，枫笺写意，馨沁故园枝。
两张机。
白帆裁浪走银犁。鱼群跃破云中霓。
漩涡试舵，急流砺志，东去不迟疑。
三张机。
橡荫铺地碎光移。榆钱散尽春消息。
莺藏叶下，鼠搬松果，夏影裹乡思。
四张机。
蜂儿探蕊得甜时。啄禽敲木传清谛。
红衣主教，蓝翎松雀，林籁奏无题。
五张机。
浣熊月下立河堤。黄狐爪印梅花字。
龟驮晚照，蛇隐草径，万物有天机。
六张机。

雏凫嬉水泛涟漪。雁鸭游乐青堤碧。
鸬鹚没羽，银鸥点雪，共演自然诗。
七张机。
流萤点亮夜蔷薇。蛙鼓唱沉河汉坠。
露凝蝉翼，风摇荷盏，琴籁幽思追。
八张机。
鸦栖高木瞰孤枝。鹰旋碧空凌云志。
白云聚散，浮生如梦，逝水怎追之？
九张机。
长河奔涌向东驰。旋花翻尽沧桑意。
友情如酒，爱情似月，永照两心痴。
长思。
岸枫岁岁换丹衣。涛声总诉相逢易。
天涯羁旅，冰心一片，何惧暮年时。
愁思。
故园柳色梦帘垂。春深不见归舟至。
凭栏望断，星河万里，肠断月明时。

吴晔诗词集

吴晔，格律诗词爱好者，格律诗词曾发表在《华侨新报》"魁北克诗词研究会"网站，《华侨新视野》公众号等报纸网络上。2024年参与《枫吟唐韵》诗词集新书，集成《吴晔诗词集》。

诗观：用古诗词记录生命体验。

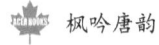

【五律】月下杂感
明月几时有,仙姬在也无？
何因一瞬念,竟至千年孤。
碧海怜幽素,桂花想静姝。
茂陵繁世里,卓女正当垆。

【五律】重阳就菊
白云高岭上,深处是谁家？
拾级登山路,连桥过水洼。
晚晴浓似酒,秋色酽于茶。
相祝同佳节,重阳就菊花。

【七律】柳宗元
名岂文章重李唐,南荒谪去总凄凉。
捕蛇者说民生苦,种树橐言吏治荒。
偶傍山溪观白石,为兴礼乐办学堂。
罗池西畔柳侯庙,风过时闻蕉荔香。

【七律】通衢
通衢南北尽车流,陌上花开香自幽。
袖手闲观棋局换,奔波只为稻粱谋。
席间有酒当沉醉,苑里闻莺且少留。
小楫轻帆曾入梦,横塘涨雨可怜秋。

【七律】无题

何事辞家更远游,故园残梦总温柔。
街衢闹市如烟密,车马行人似织稠。
商隐城头嘲腐鼠,子渊诗赋感悲秋。
吾心安处江天阔,驻足风光且少留。

【七律】中秋航班大连回蒙特利尔

河山奔走自纵横,白鸟冲云带晚晴。
海客瀛洲空有梦,旅人浮世寂无名。
行囊转驿停三地,明月分辉照两城。
知是重逢还隔岁,门前絮语不胜情。

【七律】桂花树下桂花猫联句

桂花树下桂花猫,或有财神闲处招。
玉叶琼枝垂伞幄,金丝繁蕊落层霄。
即成醒梦雄狮怒,原是窃毛雏虎骄。
逸境自当穷鼠患,躺平世界可无聊?

【七律】未见花开

生带吾头赴战场,陆沉家破忍能忘。
捐躯盘古开天地,浴血轩辕荐庙堂。
信仰河山同见证,和平旗帜永飘扬。
魂归故土应无憾,花拥丰碑四季香。
注:"未见花开"是一首纪念英雄先烈的歌曲。

【小重山】午后红茶
枫树门前是我家。西风飘木叶,旧街斜。归来宾客也无车。冯谖叹,较此略轻奢。
廛市探新花。怕霜侵露重,减芳华。清姿翠缕映窗纱。香杯续,对饮细分茶。

【采桑子】仲春
仲春时节雷初动,山走龙蛇。笔走龙蛇。如赭天边隐坏霞。
红楼听雨书窗下,知也无涯。思也无涯。想见西园百草花。

【浣溪沙】风信子
买得芳春不惜钱。回眸一眼已千年。含羞粉面实堪怜。
两穗花枝开并蒂,数行风信寄吟笺。迎香对坐也清欢。

【浣溪沙】听琴(次韵)
绿暗红嫣自浅深。清辉似霰照花林。何人月下理弦琴。
恋恋风尘皆过客,纤纤素玉写关心。高山流水有余音。

【浣溪沙】赏荷
绿水青山游兴多。层宵万里掩云罗。回塘曲槛几经过。
袅袅红香盈玉露,婷婷翠袖举风荷。碧琉璃滑更无波。

【浣溪沙】端午
且与清樽说夜长。年年端午祝安康。月痕今夕到潇湘。
角黍呈盘堆碧玉,艾枝分缕挂门廊。离骚一曲也疏狂。

 吴晔

【浣溪沙】赏荷
岸柳垂纶水浸莎。一池寒玉半池荷。清凉夏日此消磨。
红粉开奁窥宝鉴,绿衣起舞曳轻罗。熏风入韵几多多。

【浣溪沙】题画
想见新晴六月荷,尘泥不染濯清波。桨声摇兀醒凉柯。
纤手真如冰藕粉,娇容微似醉颜酡。春温一笑浅梨涡。
注:福雷斯特极简画作右手托腮的女孩。

【浣溪沙】中秋不见月
薄雾层云相裹缠,遮藏金镜出中天。且将重见待明年。
手满持螯肥蟹美,饼如嚼月软怡鲜。引杯小酌亦清欢。

【思远人】想你的时候
纨扇轻疏秋节至,何况日将暮。留香且待,花前栏畔,曾携手同度。
夜长露冷寒蛩泣,往事忍回顾。漫写入管弦,浅吟低语,幽情倩谁诉。
注:《想你的时候》是千百惠演唱的经典老歌。

【春光好】春草
和风煦,柳梢青。杏花荣。羯鼓击催微坼,近清明。
白鹭海滨常见,樱桃美早新呈。春草王孙归未得,总牵情。

【定风波】谷雨暮春·品茶时
序:三月初九,谷雨前两日,观"与辉同行"北京平谷金

海湖外景专场。
明媚韶光惹絮飞,京郊三月踏青宜。金海泛霞波潋滟,归晚,扁舟兰浦待阿谁。
龙井碧螺香四溢,沉醉,芽尖欲展且温杯。低按秦筝山水傍,同赏,暮春谷雨品茶时。

【定风波】关姐邀 Angrignon 公园诗社小聚词以致谢
拟约清樽对菊花。野凫湖畔柳丝斜。应节霜橙罗香橘。筵席。金风弦上语年华。
欲折琼枝还擢秀。谁又。瑶章颂得众人夸。更喜秋来芳意在。豪迈。唱酬诗酒遣生涯。

【鹧鸪天】春日
淑景迟迟日渐长。堆烟帘幕卷高阳。楼台天气春晖暖,园圃邻家花事忙。
鸽觅草,草凝香。东风拂面发轻扬。遥山远黛如商略,准拟新来换彩裳。

【鹧鸪天】枫吟唐韵
序:二零二四年五月十五日诗社小聚,贺芸香诗社诗词合集《枫吟唐韵》出版,并各诗友签名留念。
绮陌香阶寻步移。兰花兰叶映帘帷。当年舍雅缘同聚,今日芸香已结诗。
娇耳煮,玉觥持。将归欲别且留迟。枫吟唐韵无停歇,红染秋山应可期。
注:诗社网名为芸香雅舍

【鹧鸪天】韭菜煎蛋

楼畔园畦趁有暇。诗书漫卷理桑麻。荷锄带月当临夏,播种分根已抽芽。

莺语乱,柳丝斜。新鲜扁菜是头茬。堆盘美味如何拒,为劝伊人餐饭加。

注:在诗友新云大姐的园子里剪了一把韭菜,煎鸡蛋鲜味美,因赋。

【鹧鸪天】夏花

长夏楼台芳意欣。养花天气看晴云。浮香嫩蕊方盈手,吐秀繁枝已满盆。

常驻足,偶凝神。韶光清露忆前尘。画栏昨夜三更雨,泪湿红妆第几痕。

【鹧鸪天】春雪

风起云垂冬节长,边城萧瑟凛严光。东君又晚临封域,青女依然傲雪霜。

飞玉蝶,堕琼芳,因舒广袖舞霓裳。春来莫道无寻处,开却枝头有冻香。

【画堂春】郁金香

盈盈粉泪怨春迟。雨余朝露浓时。行云重叠影潜移,为盼花期。

画笔难描芳色,牵裙漫展风姿。金樽檀板莫相催。蝴蝶来飞。

【疏影】立秋

金风骀荡。正司秋少昊，节令初掌。暑热将消，微雨才过，渐觉天气清爽。车声喧客红尘里，寻幽境、相宜游赏。感流光、团扇轻授，黯黯闲愁滋长。

漂泊浮萍逐水，是纷飞柳絮，春日曾酿。人在高楼，弄巧纤云，却下玉钩帘幌。举头鹊喜逢牛女，胜夜夜、翠波遥望。七夕近、枕梦星河，应念别来无恙。

【松梢月】秋夜

画阁闲凭，斜阳染暮色，犹恋孤城。花叶交叠，阑角几簇红缨。北苑芭蕉芳心荐，挑绿蜡、掩映秋庭。宿鸟归窠，风林静，隐烟霭冥冥。

绛河鱼浪涌，卷众星暗淡，华月初升。水浴蟾湿，霜露一派澄明。顾影堪怜前尘事，且付与、玉槛壶冰。竟夕应有，团栾意，若为情。

【金缕曲】爱犬送人

墙柳笼烟细。晓阴浓、萧街长伫。车途方启。驯扰相濡逾三载，暑往寒来交替。关怀处、家人差似。那晚风前同步月，又焉知、一别真容易。终不舍，也无计。

朱门更有殷勤意。院宇深、无羁锁绊，逐奔兴恣。吾自心中常期汝，眠醒红毡美食。且享受、尘间富贵。足净毛香生怜爱，喜归来、绕膝牵衣袂。去已远，闻轻吠。

 吴晔

【清平乐】秋柳
千丝万缕,怨别痴儿女。折断长条犹自舞,陌上西风私语。
瘦腰憔悴应知,蔷薇谢后多时。误约乖期堪惜,教看叶叶愁眉。

【明月逐人来】寒露
荧煌明浅。浮光如幻。鲛绡泪、底须裁剪。那堪秋暮,凉露随波漫。恰似闲情缱绻。
深掩重关,却下珠帘不卷。韶华逝、罗衣带缓。梦里也曾,携手飞花乱。觉后惟馀喟叹。

【临江仙】(依贺铸体)寒露
韵脚懒寻酬唱和,闲情偶寄银筝。潇潇梧叶落阶庭。凤凰栖未稳,玉树已寒倾。
入暮单衣侵露白,海棠无那香零。伶仃相伴叹伶仃。夜阑更漏尽,独对一昏灯。

【临江仙】万圣节
落叶镂金旋面舞,晚风裁缀鲜衣。婀娜倩影见妖姬。洞天开紫阙,灯烛幻虹霓。
楼宇墓田鳞栉比,画堂将进深杯。有人沉醉有人痴。香车油壁远,巷陌隐轻雷。

【风入松】重阳涮火锅
经年前事若浮云。过眼无痕。玉环飞燕皆能舞,又何必、

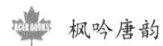

骨感嶙峋。盘里鲜蔬款款，炉头香雾氤氲。
重阳樽酒最相亲。不觉黄昏。小山词曲心心念，且停箸、一刹销魂。汤粉晶莹嫩滑，鲛绡几缕丝纷。

【忆秦娥】雨后雪
西窗雨。冰弦漫理燕台句。燕台句。风檐点滴，似闻私语。
俄倾作雪迷烟絮。暮寒空织千丝缕。千丝缕。旋看飞坠，飘零如许。

【踏莎行】元旦火锅店聚餐
旧岁将辞，新年共渡。琼花飞满来时路。玉龙鳞甲隐轻霏，窗深楼迥从相聚。
翡翠椒盘，鸳鸯银釜。故园风味难停箸。瑞签摇彩尽欢娱，红红火火开春序。

【踏莎行】立春飞雪
笔底芳笺，弦中筝雁，移宫易羽花光灿。寸心如已沐春风，无妨帘外飞霜漫。
同享欢娱，自知冷暖，云鹏雪翼凌空展。寒梅树树倚栏杆，罗浮烟色何相远。

【踏莎行】古韵新曲
序：二零二五年四月二十六日晚聆听张宝国老师为古今诗词作曲专场音乐会，有记。
许国诗翁，痴心唐婉，钗头凤引时空转。楼前微雨润芳茵，

 吴晔

幕间谁唱红牙板。
旧梦新词,舞裙歌扇,年华弦柱频更换。如闻仙乐耳边萦,明堂花影催春暖。

【厅前柳】预祝张宝国老师原创作品晚会圆满成功
早春天。阵雨过,初茸草,织平川。渐云淡东风软,鹊枝喧。更起舞,待花妍。
约盛会、期黄昏月上,与新朋故友同前。乐曲梁音绕,引筝弦。赏经典,远流传。

【满庭芳】水仙
以水为名,天仙降地,翠裙珠珮锵锵。雨过阡陌,花气润清香。想是宓妃微步,罗袜湿、钧乐央央。芳心淡,不争春色,先已适寒凉。
人间如可意,溪桥月下,竹苑虚堂。漫记省,箫声咽凤求凰。潮落潮生见惯,何须计、得失轩裳。诚相伴,慵行幽径,思绪韵绵长。

【望远行】粉森林(次韵李璟)
皱玉虬珠颗颗明,纱帷帘幕掩堂扃。杨家有女长初成,红尘飞骑过邮亭。
瑶台月,暮城砧,世间离合若为情。霓裳凭水雁鸿惊,新妆多态可怜生。
注:粉森林为水培荔枝核

【玉楼春】九三阅兵
百年忍辱今朝雪。华夏重归强国列。羿神射日有神弓,定海巡洲凭异铁。
整齐步阵天安阅。鼓角军歌声遍彻。红旗漫展慰英魂,万羽和鸽空际没。

【渔家傲】莲塘
欲下渔舟分水路。田田莲叶无重数。莲步生花花解舞。微风顾。逃尘避暑宜佳处。
乘兴追游寻雪侣。奈何总是奔波误。拟赋相思长短句。君莫妒。素心常伴闲鸥鹭。

【佳人醉】秋海棠
植种篱边苑后。无准阴晴风骤。粉黛娟娟秀。娇红盈朵,翠叶长袖。更著清香细细,待幽人来嗅。
花如旧。渐将消瘦。何日泪痕,莫问秋心岑寂,争忍频回首。映窗牖。相怜相守。已是冬临节候。

许志军诗词集

许志军,字问水,号枫林新竹,网名小仙。生于赣中庐陵遂川。移居枫叶之国。曾给《华侨新报》网站和《华侨新视野》公众号供稿。凡尘难渡,随遇而安,愿追诗与远方。

【五绝】睡莲
数涟波渐动,碧叶自生烟。
两部蛙惊住,红衣稳坐禅。

【五绝】赏雪
蓑翁钓重涯,琼屑笼烟纱。
鸦噪长林瘦,茅庐映玉花。

【五律】重阳就菊两则
(一)
峰巅穷极目,山坳有陶家。
黄犬窥篱落,寒鸦点渚洼。
邀朋温浊酒,待客看清茶。
秋叶知凉意,重阳就菊花。

(二)
麦候培皇菊,开时访谢家。
争雄倾绿醑,乘兴就黄花。
鹤阵听云外,金风掠岸沙。
篱东持玉盏,眼底惜秋华。

【五律】冬酿
琼浆四处寻,醇腻化甘霖。
酿熟涵香韵,醪糟足醉心。
东邻邀浅酌,西屋竞深斟。
夜雪柴门闭,围炉止鼻音。

【五律】米酒酿

岁暮桃符挂,回乡洗客袍。
善家豚鲤腊,朱户糯粳淘。
沙罐温冬酒,荷杯沏白毫。
谁言童稚味,最念是醪糟。

【七绝】秋词四则

(一)
芦高柳翠亭桥隐,滩浅波平素羽低。
气爽秋明人意惬,尽教骚客赋无题。

(二)
从来秋暮易心焦,不道秋晨冠六朝。
漫步斑斓林樾里,便抛诗绪共风摇。

(三)
浅洲远渚不飞鸥,瘦绿疏红锁早秋。
何日龙君施沛雨,钱江石出使人愁。

(四)
野望霜枫展锦绸,浑疑丹墨淬人眸。
紫红青绿橙黄色,经雨调成叶上秋。

【七绝】梦中有情人

桂芝常在清梦里,明月秋香两莫知。
求醉须乘星夜半,休教邀酒对空枝。

【七律】秋游
欲览清光策杖游,只缘枫色醉晴柔。
失群孤雁翎垂折,逐队鲑鱼脊逆流。
衰草寒蛩才白露,冰轮金粟又中秋。
松深峰老红绡落,水瘦云高不许留。

【七律】意大利罗米家葡萄酒庄
烟村远屋乱山横,云絮天蓝霁色晴。
芝士熏豚家有酒,岩墙瓷瓦舍无名。
行疏柱密藤成障,路曲沟深石作城。
闻说武陵疑此境,相寻陶令意闲轻。

【七律】游罗马城怀古
雄主群贤启哲明,共和初肇立恒城。
断垣裂拱瞻无色,截柱残碑诉有声。
千里驱奴骸骨碎,几番倾国血河横。
条条道路通罗马,犹吊风流叹汴京。

【七律】琼瑶阿姨一路走好
一帘幽梦话残茶,烟雨濛濛湿茜纱。
庭院深深湮石竹,还珠格格卸簪花。
海鸥飞处惊鸿影,月满西楼泊酒家。
昨夜之灯情未烬,苍天有泪化云涯。

许志军

【七律】大寒
流光偷换实无言，直教星霜刻岁痕。
陋室兰生惊桂韵，边城雁起醒梅魂。
初更炉冷寒侵幔，夜半风凄雪掩门。
又是一年轻去也，笺黄尘缀旧诗存。

【七律】芸香雅舍诗会
零落红枫草尚茵，相逢雅舍性情真。
樽前漱玉金兰好，眼底噙诗姐妹亲。
对句飞花休诉快，轻歌曼舞莫辞频。
此间皆为裁云手，更是芳笺著墨人。

【七律】游记
序：鲍德温公园徒步及巨石阵和哈斯克尔图书馆一游，有记。
望中枫锦色参差，鹰击波鳞墨玉池。
万树缠根成险径，几人布道坐危崖。
岩环叠韵英伦石，文阁分疆加美陲。
野兴浑忘林籁远，苔痕染屐不知疲。

【松梢月】（依曹勋体）秋月
又起秋声。寒香渐透染，鸿序边城。相思枫叶，浮绛淡抹风轻。满目蒹葭飞霜白，雨打桨、野渡舟横。倦数归鸟，云栖岫，霁青逊山清。
落英堆砌处，把盏邀素月，离绪初惊。渚外烟树，晴日水暖鸥鸣。怎奈流光匆匆去，岁渐老、可惜枯茎。瘦损诗鬓，重调柱，拭瑶笙。

【定风波】（依欧阳炯体）秋怨
冷露轻霜就菊花。银光漫透紫帘纱。铜漏声残天表寂。幽忆。何时薄倖早还家。
匣里秋词闲掷久。几首。页黄墨暗怨尘遮。眸底愁怀无计解。苦海。听凭离绪坠天涯。

【金缕曲】（依叶梦得体）教师节写给恩师
绛帐经纶士。育青衿、公勤诚朴，温良仁义。时雨无声滋兰蕙，遍植亭亭嘉致。芸窗伴、诗书知己。惯听晨鸡鸣万卷，鬓添霜、清影终无悔。耕四季，台三咫。
采将旧苑蟾宫桂。漫缀点、烛泪墨香，砚波笺纸。几度鄱阳征鸿过，心绪遥连赣水。仲秋近、笑谈桃李。待到团圆佳时节，白鹭洲、皓月澄天际。金缕曲，笙歌起。

【惜秋华】（依吴文英体）秋半
水渺云闲，近秋分、偶见南征孤雁。短棹鹭惊，谁家鸭船归晚。红衣倦倚雕阑，淡粉薄妆螺髻卷。香浅。恰新醅、社日宜停针线。
细雨湿庭苑。正花繁果硕，暗里谁偷剪。鸿过尽、无尺素，梓乡望断。樽前旧雨温言，一席话、能舒眉展。听劝。旧盟删、余生另岸。

【望海潮】（依柳永体）佛罗伦萨

诺河遥贯，廊桥接岸，参差市列繁华。街巷错交，钟楼叠耸，筑岩斑驳将斜。珠壁饰香车。转旋舞木马，欢喜孙娃。似鲫游人，入时革履隐豪奢。

城厢阡陌晴沙。见丘陵绣野，秋色清嘉。松柏立锥，葡藤作障，青枝橄榄珠芽。翡冷翠拈花。胜景如油画，日暮彤霞。纵但丁犹在世，神曲也难夸。

【满庭芳】（依晏几道体）中秋荷塘

风住蛙鸣，露凝珠聚，泛浮荷叶清圆。蝠翻灯舞，塘岸木如烟。短楫轻拖縠皱，玉盘出、银泻溅溅。鱼鹰伴，蓑翁独钓，蝉咽到孤船。

年年寻兔影，蜗争小饼，情共婵娟。盗灵丹，素娥应悔从前。新发白莲数朵，中秋夜、谁抚冰弦？渔歌晚，难辞诗酒，玄烛照无眠。

【大酺】（依周邦彦体）秋分

寂寞诗怀，柔肠断，征辔西辞金屋。怜枫憔柳倦，正飘丹零落，瘦枝相触。澹影疏香，霜明天净，掩瑟赋梅吟竹。望木兰坝上，麦囤散阡陌，几多秋熟。念故里江南，归鸿心事，万千孤独。

飞盖行缓速。勿须怨、衰草阻华毂。奈暮夕、殷云入岫，鸟雀投林，远屏山、色阑迷目。镜里梅妆淡，翠髻堆、惊鸾盘曲。又痴梦、槐安国。闲敲棋冷，泪溅灯花如菽。夜深谁同挑烛。

【八声甘州】（依柳永体）芸香雅舍聚深秋
正芸香雅舍宴清欢，俨然少年游。看浅黄瘦绿，晴中翻作，叶上深秋。且任飘丹占地，柳坠似丝绸。个个惊鸿样，尽醉吟眸。
偷取浮生半晌，忘寻常烦扰，心不幽囚。爱梅边叠字，缘志趣相投。会今朝、安歌瑞苑，叹匆匆、聚散使人愁。西风约、他时雅集，诗酒如流。

【清平乐】（依李白体）秋怀
游丝烟缕，百卉迎霜女。来伴西风残叶舞，醉听林梢私语。梅曲三弄君知，芙蓉一笑当时。谁解佳人心事，只凭张敞描眉。

【行香子】（依晁补之体）七夕
星烁云霄，河转银湾。盼今宵、得以团圆。牛郎织女，天上人间。越千重梦，万重水，百重山。
渺芸众物，微尘寰宇。亿回眸、只换并肩。我留故地，君在哪边？是前生情，此生忆，再生缘。

【明月逐人来】（依李持正体）秋思
襦裙香浅。低头迷幻。帷昏暗、烛花慵剪。阵鸿南去，烟眸秋水漫。醉里空吟缱绻。
深夜思浓，无寐尽翻长卷。音尘杳、鸿鳞滞缓。月夕有期，何甚芳心乱。总是轻嗟细叹。

【凤凰台上忆吹箫】（依李清照体）枯荷
枯柄高押，褐钟斜挂，玉池撑出莲舟。待色天将晚，不醉难休。姿意蹉跎岁月，成底事、借酒浇愁。终无怨，韶年已逝，负了金秋。

飘悠。未逢疾雨，偏藕断丝连，独对汀洲。惯棹沧波远，渔唱深幽。曾是娉婷青盏，犹韵致、撩乱人眸。横霜水，凌寒弄晴，逸宕漪流。

【临江仙】（依贺铸体）寒露
宵半清寂听秋落，阿谁又拨秦筝？啼莺声啭绕空庭。墨香潜夜散，词涩共杯倾。

总向未央伤前事，思情随叶飘零。字堆湮没苦伶仃。披衣开短卷，落影伴长灯。

【临江仙】（依贺铸体）秋乐
闻说河湾鱼打浪，栖舟同钓斜晖。波清岸曲柳低偎。欲图熬竟夜，争奈起风雷。

扶苗裁叶殷勤顾，翻为藤瘦瓜肥。近来场圃蚱群飞。霜晨理秽去，日暮荷锄回。

【临江仙】（依贺铸体）雪雁
难离故地迟振羽，西风切切频催。只缘枫色恁凄迷。暮霞融雁背，镜水濯征衣。

荒苔侵径秋垂尽，梦寒衾冷南飞。问君千遍几时归。雪消当共计，泥暖必同回。

【八声甘州】（依柳永体）秋叹

叹卅年碌碌愧平庸，无数梦成空。怅徒迁枫苑，青山渌水，实未追从。故土游离两秩，相思调仍浓。笛冷西塘月，笠挂孤篷。

过往酸甜苦辣，总无端忆起，曾与谁同？更心持善念，何必计穷通。雨消歇、天高云淡，尽前缘、相识不相逢。如尘遇、引杯添饮，再话飘蓬。

【临江仙】（依徐昌图体）腊八弄梅

腊八殷勤三弄，日斜羁步忘归。风寒冰冽更寻谁？墨人题瘦竹，词客赋新梅。

往事何须追忆，行斟且满深杯。天涯常与意相违。不如温粥去，一任暗香随。

【风入松】（依晏几道体）重阳登高

一行人字雁扶云，带走秋痕。扪萝拾径沿溪上，别样景、怪石嶙峋。天邃舟朦点点，裾烟屐倦氤氲。

曾经诗酒共谁亲，却近黄昏。剩兰菊木樨明艳，到眸底、聊以销魂。风射蛩蝉切切，叶徊鹤渚纷纷。

【玉蝴蝶】（依柳永体）三宝山观枫

秋尽强登重岭，簌声如沸，叶坠车前。绮野斓郊，妆点何用朱铅？风吟怀、落红占地，雨赋韵、残彩堆丹。悟参禅。此心向佛，夙念成圆。

怅然。离愁两处，枫笺又寄，怎了前缘？绚色迷魂，断鸿

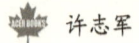 许志军

杳杳向谁边？远浮名、穷通俱忘，归商隐、旧讯都删。纵千般。霜欺雪侮，独卧寒山。

【桂枝香】（依王安石体）香桂枝
团黄蔽叶。正水远云闲，晚秋时节。任是西风暗度，暗传香帖。槛前燕侣成双对，怎教人、收却思越。美辰良景，倾杯须醉，有花堪折。
澹姿纤、清莹秀澈。记那季疏影，浅黛娇靥。化蝶随烟飞去，坠阶如雪。穷通得失非由己，性情柔韧休评说。桂枝荫下，一壶老酒，独邀明月。

【桂枝香】（依王安石体）中元怀亲
初秋暑烈。遇末伏灼天，中元哀节。冰洁蟾宫又撒，桂华琼屑。躬身跪拜焚香烛，祭幽魂、群山呜咽。奈何桥渡，孟婆汤尽，涅槃成佛。
苦离殇、蝉声恸切。忆君往年事，泪雨倾泄。花谢花开，轮转逝如灯灭。寐惊梦醒肝肠断，怎堪思人对遗物。指寒弦冷，词穷曲尽，几番弹彻。

【玉女摇仙佩】（依柳永体）霜降
溪桐渐瘦，槛菊先愁，翠减汀萍香暗。月碎苔阴，虫吟石井，久望空劳鱼雁。又惹芳心乱。惯松凋柳倦，莲枯荷偃。记当年、长亭别后，骑鹤扬州未顺初愿。焉能忘梅妆，坐老黄昏，情痴旧恋。
秋暮独登小阁，把盏临枫，对影谁言孤伴？冷露轻霜，萧

萧寒起，一夜朱颜偷换。驳色犹堪羡。争亡奈、羽片随风飞散。尽早计、时趁未雪，故园回返，客袍清浣。何须叹。鳞鸿已托来春燕。

【疏影】（依姜夔体）梅
边城北雁。掠蓼汀雪岸，梅魂轻唤。无意争奇，却委芳尘，寻幽几度行遍。横斜疏影严风顾，独凝伫、昏黄香浅。借微霜、三弄寒英，又惹谁人忘返。
看尽江南万树，只堪寄一剪，羞愧当面。静待来春，青女勤裁，玉蝶煎茶不晚。槐榆改火经年事，君子谊、何曾中断。待客至、竹菊和兰，斗酒按歌行板。

【疏影】（依姜夔体）兰
悄然夜放。扰土花促织，凝露萦网。纵抱幽贞，入室生芳，素衣元是诗匠。折茎可佩余馨漫，偏瘦影、性情明爽。更蕙心、墨淡香寒，别有蛾眉模样。
谁识菁葱细叶，者佳冶窈窕，桃李争仰。鹤立群妍，玉案无争，小卷书轻深巷。天涯不过襟怀事，金兰义、莫教相忘。恰客来、竹菊和梅，邀月浅斟低唱。

【疏影】（依姜夔体）竹
片云朵朵。几飞天影下，日暮归舸。瘴雾蛮烟，野浪涛湖，南去离鹤呼我。提篮寻觅林间笋，初晴后、新尖惊破。卷帘望、峰翠连霄，竹海碧般清妥。
风骨虚心不屈，纵拱泥坼土，无染尘颗。滴雨微雕，舞雪轻裁,方得叶枝如个。似闻深处珂声近,透筠看、花辕轻轲。喜友至、梅菊和兰,倾酒漫香帷座。

【疏影】(依姜夔体)菊
西风俯首。拭残香一抹,把菊轻嗅。幽独珍丛,傲骨凌霜,雀舌婀娜清瘦。折些黄蕊金瓶贮,茅斋静、暮霞窗右。倚画帘、簇簇争鲜, 分付秋魂消受。
陶令南山向往,惯篱东采撷,芳赴襟袖。蕴意其中,欲辩无言,却道渊明知否。雁鸿暗度残英坠,重阳后、又谁来就? 幸友至、梅竹和兰,聚散岂能赊酒。

【疏影】(依姜夔体)桂
西风叶舞。正苑林色染,引人踌伫。闲对蒲葵,笑抚芙蓉,偏爱樱狮红牡。更看砌下琼枝翠,缀金粟、芳团无数。慢捻些、置掌心窝, 一捧遣香轩户。
争奈庭空蛩老,怅瑶台月冷,难得花树。拟是冬来,应醉滕王,比翼落霞孤鹜。寒岩桂影生憔悴,诗肠瘦、几回成误。任坠英、承露篱东,望断少时来路。

【月当厅】(依史达祖体)秋吟
绿减蝶褪诗怀乱,轻寒嫩冷,虚掩莲心。欲隐楚山,空惜竹老松深。庭菊井梧别院,过西风、玉砌漫铺金。此遥夜,蛩声穿牖,最后秋吟。
矜伤总在当前季,梦牵萦、雨尘云外千寻。点滴到明,檐响绝胜商音。犹记那宵桂华缺,海棠花下惹低簪。轻按酒、

歌三叠,任叶积篱阴。

【爱月夜眠迟慢】(依无名氏)黄玫瑰
粉黛罗裙,绾束三角髻,清澈眸睛。楚腰纤指,冰肌雪颔,轻姿一众相倾。香衾凤枕鸳帏,栈房犹有温馨。远家山、越西洋,决意随爱漂零。
红泪透夜偷垂,混天涯不易,倦客蒙城。乳娘风韵,引蝶惹絮,魂陷蜜语迷情。谁怜带刺玫瑰,心伤恍悟惊醒。守安然、乐平静,过往旧事无凭。

【西江月】(依柳永体)小雪
鳞瓦阳斜天短,玉沙寒重宵长。残红野外尚浮香,淡抹疏林云嶂。
喜鹊衔巢梢上,农家熏腊厨房。梧桐摇落蘸吴霜,砌下草枯花葬。

【忆秦娥】(依李白体)送琼瑶
偶相遇,惊鸿照影台南路。台南路,秋歌窗外,正濛濛雨。
残阳莫照孤羁旅,一帘幽梦翩然去。翩然去,彩云飞处,再无情语。

【忆秦娥】(依李白体)雪后雨
雪后雨,千丝漫洗经年句。经年句,不拘平仄,阙藏私语。
痴言蝶梦化轻絮,伤怀往事归烟缕。归烟缕,梅襟兰契,赊欠些许。

【江城子】（依苏轼体）先生千古

慈颜音貌眼前萦。鹤西行，世人惊。风雨百年，犹带稼轩情。天妒英才心共恸，声渐哽，泪纵横。

几多词赋入迦陵。典传承，幸逢卿。草木乡愁，每读湿瞳睛。一任江山吟未了，诗骨在，待来生。

【忆秦娥】（依李白体）心头雨

心头雨。几番酥润牵肠句。牵肠句。破愁无计，谁解诗语。

前盟旧事入盐絮。青丝渐雪成霜缕。成霜缕。何曾后悔，红尘相许。

【八六子】（依晁补之体）大雪

雪痕深，望千山杳，雁声聊胜商音。对一派渚寒烟冷，百嶂枫红影瘦，风裁暮霞入襟。

庭梅遗韵堪寻，强弄冰丝筝柱，犹存几叠琴心？约素女青娥，清辉良夜，怅惘芳岁，缱绻花阴。残躯老，未肯歌沉舞歇，自怜雨打风禁。向长林，空囊且行且吟。

【南歌子】（依毛熙震体）冬至

炉火沉冬意，浓茶解宿酲。时闻踏雪觅梅声。霜印芸窗素纸，苦伶仃。

易得伤心句，难销别绪情。歌穷弦绝共谁听？惟有寒香残墨，映眸清。

【小重山】（依薛昭蕴体）香雪
仙女遗花散凝香。冰簪瑶砌落，沸声扬。洌寒侵透羽绒裳。如何又，冷指理笙篁。
对镜卸梅妆。银丝欺鬓雪，细端量。闲愁搁起待春阳。长漫夜，缺月掠萤窗。

【踏莎行】（依晏殊体）霜降
舞叶残枝，落英瘦树。斑斓满目金黄路。霜风吹解万丛花，征鸿过尽烟村暮。
蛰寂春冬，木经百度。羡它岁岁香如故。怨秋实是怨闲愁，何曾懈怠流光负。

【踏莎行】（依晏殊体）元旦
雾掩梅魂，霭迷芳楚。寒山钟杳凭谁数？嫣红姹紫逐流光，春年秋月悠闲度。
岁掷双梭，霜欺寸缕。柔怀若絮终难驻。一元复始夕阳斜，十年蝶梦归何处？

【一剪梅】（依周邦彦体）腊梅
明艳清嘉似杏腮。片片朱铅，不惹尘埃。凌霜傲雪暗香开。心底愁埋，静待春来。
一剪疏枝细细裁。素壁生机，巧缀书台。久无鱼信隔蓬莱。旧事低徊，几度萦怀。

【高阳台】（依刘镇体）冬蕴

霭笼汀萍，风凋岸柳，沙飞水逝华年。高遏凉云，几声北雁霜天。船津客渡无人顾，舣艋舟、深舣江边。更蓑翁，鬓雪眉冰，独钓寒川。

萧疏渐似黄花积，怅熊藏老穴，雾锁荒阡。谁念池塘，枯荷茎断丝连。黑土不负殷勤户，谷尽收、暮野含烟。庆丰盈，脍美菰香，覆盏酣眠。

【瑞龙吟】（依周邦彦体）故园除夕

城阳路。遥见沸涌车流，铁花银树。奇装异服胖娃，高跷竹马，温烟到处。

雪人伫。守著墨联金牖，彩灯绮户。街坊揖礼垂衣，同声相问，恭言敬语。

闳雅奢华春晚，霸屏欢闹，鱼翻龙舞。且喜阖家团圆，追旧怀故。浮萍游子，遥寄思乡句。年羹饭，珍馐堆案，倾杯曳步。叹岁重来去。赋歌击箸，忘情兴绪。唱彻黄金缕。抬醉眼，繁天慧星如雨。景云撞响，正飞玉絮。

【望远行】（依李璟体）长安的荔枝

马作乌骓日夜程，清香犹带岭南青。红尘一骑悯苍生，惟求妃子笑嗔声。

明皇宠，命如轻。佛堂梨雪冷绡绫。琼消兰殒舞空萦，歌残阿那荔枝倾。

【一丛花】（依苏轼体）夏花如昨
紫藤架下话流年，衔月入吟边。炎风暗度香痕浅，尚留得、秀色三千。都城南庄，破山寺后，题壁有残篇。
细枝瘦叶指高天，几瓣坠诗肩。寒蝉咽断斜阳外，一丛花、幻作秋烟。飘向何方，问之阡陌，更问老桑田。

【渔家傲】（依晏殊体）荷塘迷途
日薄屏山人忘路，滞身荷浦愁无数。乱绪漫随浮盖舞，娉婷顾，今宵酒醒栖何处？
曾约白鸥成伴侣，几回错把心香误。检点旧题听雪句，莲风妒，霎时浪起沉寒鹭。

【玉楼春】（依李煜体）太湖石
风霜历尽渠眉皱，奇巧天工身剔透。窍星潜蕴万年幽，瑶石涵虚云影漏。
松深菊老金秋又，久困湖烟形渐瘦。纹生冰魄鉴心清，独对暮涛思故旧。

【玉楼春】（依李煜体）秋闺
轻赊月色笼骊岫，箬烬寒侵衣袂透。沈郎辞后锦书无，孤枕难眠听玉漏。
海棠春睡容依旧，入得痴时人自瘦。吟笺还写那年么？夜潜墨香诗骨秀。

【最高楼】（依辛弃疾体）秋烟

慵起处，向晚意千重，寥落转孤蓬。悠悠轻绕迷云岫，飘飘遥曳托秋鸿。掩津亭，遮驿路，匿行踪。
别离后、情知非似昨。别离后、逢时终是错。寒蛩切，愈思侬。残荷澹澹浮烟薄，西风飒飒遁疏桐。莫迟疑，堪撷取，入杯中。

【燕归梁】（依柳永体）秋念

日落烟江半隐云。瑟瑟秋分。竹村微雨洗山新。孤篷过、近黄昏。
浮踪浪迹情难主，乡书断、黯消魂。弈琴诗酒乐天真。忘返处、澹愁身。

【蝶恋花】（依冯延巳体）秋雨

一夜潇潇凋碧树，岸柳垂丝，空挽飘零缕。底事谁移琴瑟柱，千般心绪随云去。
愁锁眉山飞乱絮，雁字回时，化作梧桐雨。惊起三更犹自语，客魂安放寻无处。

【风入松】（依晏几道体）望月

冰轮低转到西窗，一袭银裳。恍疑玉兔抛丹桂，三颗白、七颗金黄。何似乌蟾丸药，曾医素女离伤。
清风频送燕支香，不尽思量。阳台依醉羁程客，壶中月、难解愁肠。千里旧园同望，万重眼底凝霜。

【浣溪沙】（依韩偓体）秋叶
一夜雨寒素锦缠。岂甘委地共风旋。但期来岁独登巅。
每忆寻常争烂漫，欲将七色诉霜天。入泥销骨未迟延。

【浣溪沙】（依韩偓体）霜辰
冷露沾衣早起身。漫行舟畔向霜辰。秋阳作伴荻为邻。
驿路孤椋桑梓远，簪花旧事幻缘真。归来仍是那年人。

【八六子】（依晁补之体）寒露
渐凉耶。怨西风恶，频吹花落谁家。正北雁掠寒汀上，塞声遮霜禽外，回望蓼岸兼葭。
彤云侵暮烟斜，几户阑珊灯火，惊飞聒噪栖鸦。感秋气清嘉，碧空青湛，酒消愁绪，梦远天涯。犹飘桂、一任幽香岁月，争如羞涩芳华。酒樽赊，流光共卿剩些。

【八六子】（依晁补之体）霜降
又深秋，甚怅怅地，黄昏独倚危楼。看砌半残叶堆霜，墙隅枯藤曳影，寒江几舸争流。
拍阑暗数归舟，顿起遐思凝想，任枫坠落肩头。记箬下檐前，偎依听雨，奈何物扰，倍使人愁。香篝冷、底事偏教意动，怎堪不令心收？诉无求，空教寄怀鹭鸥。

【子夜歌】（依彭元逊体）惜华年
碧天清、数声雁去，带走几多离魄。立残照、香侵袖底，槛菊可堪成忆。阡巷柳疏，苔阶梅小，玉屧何从觅。问樵

许志军

夫、犹道吴娘,时遇浣溪,访里遍寻芳迹。

近霜降、轻寒木落,竹涧冷泉追石。峰老松深,云高水瘦,崖顶横羌笛。幸鳞鸿未损,摩挲娟字消息。乡味牵肠,客途疲屐,长恨关山隔。惜华年、斟酒须盈,旧篇焚掷。

【醉花阴】(依毛滂体)秋枫

玉露金风初邂逅。五彩裁云就。怜惜太匆匆,夜雨潇潇,顿减秋容瘦。

别枝悄坠襟前扣。几片萦肩右。欲捡向书笺,轻夹红绡,好寄江南某。

杨延颖诗词集

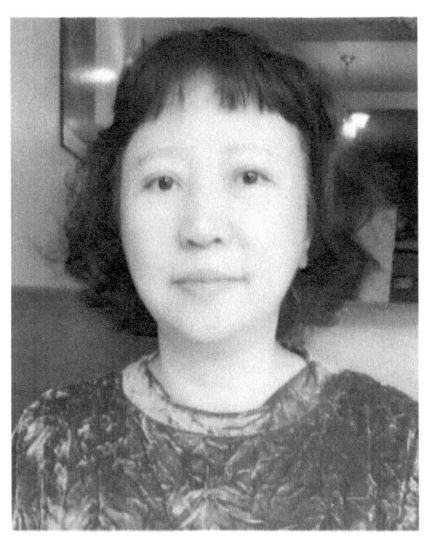

杨延颖,现居蒙特利尔,格律诗词曾发表在《华侨新报》"魁北克诗词研究会"网站,《华侨新视野》《望岳海外书院》公众号等报纸网络上。2024年参与《枫吟唐韵》诗词集新书,集成《杨延颖诗词集》。

　　诗观:直抒胸臆。

杨延颖

【五律】北域春来
东皇临北域，炸裂巨河冰。
鸿雁传书至，潜虬跃水腾。
玉兰分雅气，嫩柳守骄矜。
万物皆眠醒，芳菲尽待兴。

【五律】初夏出行
北域赴长赢，迟来暖日行。
芳郊寻野趣，幽苑逗黄莺。
白鸟翻空见，红蕖照水清。
当知佳季短，趁此养心睛。

【五律】北域之秋
一夜素商至，凉添酷暑收。
晴空鸿雁去，白砌锦凫猷。
雏菊开阡陌，小园呈菜酬。
临窗听落雨，无事莫寻愁。

【五律】北域猫冬
玉龙郊野横，北域凛元英。
万径无人迹，千山有兽行。
家中炉火旺，帐里被衾轻。
莫负天公意，冬藏颐养生。

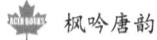

【五律】赏竹刻兰亭序
友赠兰亭序,悬于陋室墙。
抬头吟雅韵,伏案仿华章。
书圣神情远,痴儿意气惶。
时时勤注视,字字入心房。

【七绝】昙花一现
更深夜静守仙株,桂魄隔窗窥探吾。
绝代芳华稍纵逝,空留惆怅碧枝孤。

【七绝】冬雪
寒英凝雨清霄夜,帘卷熄灯窗更明。
晴日银山光里涌,琼枝玉叶动都城。

【七绝】中秋月
飞镜高悬映夜空,扶疏摇影慢随风。
无边月色人惆怅,万水千山此刻同。

【七绝】围棋的魅力
国粹方圆十九图,周天画地竞鸿儒。
楸枰演义神州事,才俊皆迷木野狐。

杨延颖

【七律】观小浪底调水调沙
黄龙出闸向苍天，拍岸惊涛声震巅。
气似翻江驱鬼魅，势如倒海卷风烟。
排沙疏浚千秋业，调水防洪万代绵。
大禹低眉思过往，拈须颔首笑称贤。

【七律】登长城有感
苍龙万里横华夏，烽火千年岁月长。
秦筑方城防敌寇，汉守关隘御凶强。
孤烟大漠风沙劲，落日彤河萧鼓殇。
吾辈登临望塞北，草丰树茂显荣昌。

【忆秦娥】雪夜闲坐
风凛冽，隔窗仰望云遮月。云遮月，小楼光影，露台飞雪。
屋中彩树灯明灭，一支香线平心结。平心结，如烟往事，付氤氲越。
注：香线指一支沉香。

【曲玉管】旧照新题
万里孤鸿，风云际会，留存几日逍遥影。锦瑟琼箫齐咏，欣慰平生，总关情。缕缕香茶，杯杯佳酿，廿年往事青春景，最喜传媒，一众男女和鸣，响商城。
物换星移，白斑鬓，仪容趋老，那堪岁月蹉跎，还教热血相倾。酒方醒，叹芳华飞逝，镜里朱颜难再，落花流水，挚友相携，梦里苍鹰。

【虞美人】逆旅
冰轮高挂繁星闪,深夜喧声敛。香茶已冷懒添新,独坐炽黄灯下弄诗文。
廿年北境寒凉苦,自洽方能处。一怀心事有谁知,朗月清风霜雪或观窥。

【定风波】送别
金水河边绿柳长,碧波微荡芰荷香。联袂缓行堤上走,良久,午时相送渐斜阳。
约定次年来赴酒,挥手,返身疾步眼凝霜。惟愿天涯常聚首,朋友,千山万水费思量。

【临江仙】(徐昌图体)雪国即景
万里冰封云障,枯枝摇曳回风。琼妃舞处幻朦胧。玉沙凝素魄,流霭没青峰。
最是街边堆盖,由他挥铲无穷。青年撑杖路当中。忽闻天籁响,绯屫小儿童。
注:街边堆盖,大雪做盖把车埋,各处均是铲雪挖车的人。

【醉花阴】湖畔闲步
澄碧轻纹云影坠,柳线牵衣袂。徐步过苔矶,远望沙鸥,上下翻飞戏。
岸边闲坐观花媚,又一丛葭苇。日暮不思归,星跳湖心,月钓烟波里。

【桂枝香】送友东归

山高海阔。又四目雾升,联袂难别。银翼轰鸣一振,柳绦同结。仰头目送云天外,却心随、重峦飞越。屋归空寂,篱边金菊,雁归时节。
恍惚里、音容未歇。叹儿时同伴,多年离别。铭感他乡聚首,上苍怜物。情深姐妹相思意,愿明年故里欢悦。月明星烁,临窗灯下,写它三阙。

【七段筝】犹忆加东行

一段筝,素商已至向东行。新知旧雨寻秋景。层林始染,长桥雁字,山水正澄明。
二段筝,嵯峨城堡倚危旌,千帆过尽还孤静。巴黎式样,迴廊钟磬,云起暮烟平。
三段筝,激流飞瀑似雷崩,高崖跌宕玉龙骋。狂澜百转,霓虹频现,天地自峥嵘。
四段筝,金沙忽展翠萝青,塘鹅低掠渔舟影。远看巨石,隔洲葭苇,蟾魄笼银汀。
五段筝,孔岩乐坏海中鲸,环围穿洞游仙境。斜阳之下,航船沐雨,雪浪也相迎。
六段筝,穹门镂月峙沧溟,鲛宫凿壁留华莹。初开混沌,玄黄造化,绝壁刻空灵。
七段筝,大西洋上祭鸿蒙,时光撕碎苍茫令。幽蓝深处,扶摇寰宇,万古此回声。

郑林芳诗词集

郑林芳，格律诗词曾发表在《加华月刊》《山东诗歌》《华侨新报》《七天报》，《当代诗歌地理》上、下，2020年《当代诗歌地理》上、下，《今日头条》等报刊杂志媒体上，并于《魁北克中华诗词研究会》网站，《华侨新视野》《望岳海外书院》公众号等报纸网络上。2024年参与《枫吟唐韵》诗词集新书，集成《郑林芳诗词集》。

诗观：情动于衷，意悠境雅。

郑林芳

【五绝】诗句联咏
起句借杜甫《陪郑广文游何将军山林》
（一）"棘树寒云色"
棘树寒云色，野川潮水平。
芦滩望尽没，时有雁欢鸣。
（二）"野鹤清晨出"
野鹤清晨出，家禽日夕围。
自然何乐返，不再憾昨非。
（三）"醉把青荷叶"
醉把青荷叶，欣看天际霞。
菱歌声渐远，犹记笑如花。
（四）"自笑灯前舞"
自笑灯前舞，人看席上狂。
酒酣多意兴，挥笔锦云张。

【五绝】诗句联咏
起句借杜甫《重过何氏五首》
（一）"花妥莺捎蝶"
花妥莺捎蝶，园青兔出林。
望中生气满，万物动春心。
（二）"云薄翠微寺"
云薄翠微寺，雾重神女峰。
最叹奇绝处，峭壁一苍松。
（三）"石栏斜点笔"
石栏斜点笔，水墨漫浮花。

潭影山光曳，还添一抹霞。
（四）"翡翠鸣衣桁"
翡翠鸣衣桁，闲花倚竹篱。
清风时拂面，流水共吟诗。
（五）"手自移蒲柳"
手自移蒲柳，身堪养气神。
难言农事乐，知此近真人。
（六）"无计回船下"
无计回船下，有朋乘月来。
共挥聊美酒，万古郁愁开。

【五绝】雪雁春归
银翅御风归，湖山已久违。
不辞千万里，惟恐负春晖。

【五绝】观日全食有感
金日渐成牙，身玄仍溢华。
光明原本性，魅影岂能遮？

【五绝】题图
未识东风面，唯看淡淡春。
菜萸支绮梦，会意尽桃唇。
注：赏福雷斯特极简画右手托腮的女孩。

【五绝】孟秋偶吟三则

（一）立秋

秋蝉鸣密树，叶落始今时。
但望西园角，青苹已满枝。

（二）雷雨夜记

夜半震声稠，鸣雷撼小楼。
层霄如有令，化雨洗清秋。

（三）木芙蓉初绽

秋来减却红，放眼只青葱。
忽遇芙蓉面，盈盈笑晓风。

【五绝】梅兰竹菊四则

（一）咏梅

朵朵点枝匀，清姿绝俗尘。
经霜犹馥郁，历雪更精神。

（二）佩兰

渺渺居空谷，遥遥伫汀滩。
香幽联内美，屈子佩秋兰。

（三）忘竹

盘中须有肉，饰体必衣鲜。
独忘钦修竹，今人志似迁。

（四）篱菊

朝迎旭日晖，暮送雁鸿飞。
菊曜东篱下，游儿可念归？

【五绝】北国春迟
东风迟拂暖,落叶尚须清。
劝忍园颜暗,春容四月明。

【五绝】望岳励志
汉学多奇峻,诗词若灿星。
登峰光欲摘,跬步未应停。

【五绝】郁金香
美酿酝冬长,新开四月香。
芳樽高举久,只为谢春阳。

【五绝】春朝骤雪有记
朝来望暗灰,雪落似冬回。
草地霜花结,枝惊又白梅。

【五绝】梅兰竹菊又四则
(一)梅妻
清芬酥玉质,未肯近桃蹊。
若问谁堪嫁,传为隐士妻。
注:传北宋隐士诗人林逋以梅为妻以鹤为子,即成梅妻鹤子的典故。
(二)遇兰
漫步值香幽,清姿翠色稠。
临君心感佩,格雅自风流。

（三）井岗翠竹
劲节擎云立，苍苍百里横。
腥风吹不折，岁月度峥嵘。
（四）咏霜菊
才经冷夜长，又试对晨霜。
却看花逾灿，枝枝凛气扬。

【五绝】秋兴二则
（一）秋荣
东篱簇菊丛，西院绽芙蓉。
谁道芳菲尽，红黄仍几重。
（二）秋晴
临水爱晴光，秋风稍带凉。
流涟亦凫雁，点点落洇塘。

【五律】春景
东南来淑气，万物忽如苏。
草木生新翠，田畦发幼株。
梁间飞燕子，渚上卧凫雏。
喜看春花绽，园颜日日殊。

【五律】夏雨过后
午后满楼风,乌云垒际空。
雷过惊绮梦,雨霁现霓虹。
却看花尤艳,还叹树更葱。
欣然邀友至,小酌夏凉中。

【五律】中秋夜
三五澄光夜,蛩鸣小径幽。
清歌传水榭,古调唱西楼。
缕缕离人恨,丝丝故国愁。
深宵云霭聚,悄蔽一轮秋。

【五律】冬藏
严冬四野荒,白雪卧松岗。
鸟兽稀踪影,林园绝艳香。
乾坤浑寂寂,俯仰两茫茫。
忽记真人语,时应息与藏。

【五律】月下杂感
明月几时有?云移看又无。
风枝摇影乱,淡魄照身孤。
静夜长凝思,寒林忽落乌。
两声啼唤急,羁客更嗟吁。

【五律】赏黄荷二则

（一）

不近红蕖美，偏临黄色荷。
晨曦披处子，翠色染新罗。
楚楚田中立，微微风里娑。
香幽妍别样，闲客惹情多。

（二）

人道红蕖美，黄荷谁可怜？
风摇纤茎舞，雨洒薄裙湔。
款款何娇婉，婷婷实卓然。
晚香频送郁，良久醉婵娟。

【五律】大寒日行吟

风起闲云走，极寒无叫鸦。
碧空如洗水，雪树似簪花。
冰锁间流细，滩晴苇影斜。
疾行知日暮，幸对漫天霞。

【五律】游鄱阳湖

（谨步孟浩然望洞庭湖赠张丞相雅韵忆）

泽阔遇风平，云天照水清。
渔舟歌故浦，雁阵过新城。
赏俊心神悦，望遥目力明。
会将轩冕弃，唯剩赋诗情。

【五律】历史人物二则
（一）岳飞
英雄生不俗，大鹄院中鸣。
少即勤研武，冠而善用兵。
长车千里御，远寇数番平。
忠义追云月，拂尘功与名。

（二）文天祥
物华天宝地，科举夺魁郎。
更有持忠骨，行当为国殇。
英魂元帝惜，正气佞臣惶。
至死无移志，丹心光焰长。

【五律】北国春奇
高寒春至晚，物候变迁奇。
昨夜惊飞雪，今朝讶绿枝。
一旬林叶茂，半季蕾苞迟。
待过端阳节，红蕾始入诗。

【五律】童年夏忆
翮翮藕荷风，榴花开正红。
阶前观走蚁，池畔摘莲蓬。
偶得粘蝉乐，还思倚父融。
银河悬暑夜，话说鹊桥逢。

【五律】游子秋思
雁影浮云掠,悠悠行路心。
青丝输白鬓,短调变长吟。
故里槲花雨,庭前枫树林。
原乡何处是?秋暮更思寻。

【五律】雪舞冬赏
轻轻落眼前,风起舞翩跹。
节拍天宫乐,梦牵尘世缘。
琼妍非倚色,韵雅不劳弦。
对此堪诗画,心中片片禅。

【五律】品王维诗
相思撷红豆,云水起禅风。
言尽意无尽,看空事未空。
幽篁琴韵里,山色画诗中。
酒尽阳关道,春來君可逢?

【五律】易安居士
趣考石和金,闲愁共酒斟。
词新双叠韵,诗壮霸王心。
怨隙犹堪忍,娇柔不复寻。
老屣风骨烈,高贵见哦吟。

【七绝】春园感遇
叽喳早雀闹枝头，小苑葳蕤绿渐稠。
又是一年花欲放，红香点点惹凝眸。

【七绝】观踏春视频
（观友人深圳梧桐山踏春视频有感）
梧桐山上晓妆浓，绿树红花千万重。
簪岭描坡繁若锦，盈盈漫覆至峦峰。

【七绝】谨用苏轼海棠雅韵
西风乍起叶飘廊，庭木频摇日隐光。
急捧盆花移暖室，莫教霜冷败红妆。

【七绝】风花雪月四则
（一）风
遍野漫山春拂翠，携云带雨夏添凉。
无情却对秋冬树，折杪摧柯试韧强。
（二）花
年年有信到人间，为表娇鲜尽展颜。
造化芳姿千万品，尤钟蕙质淑而娴。
（三）雪
飘飘洒洒从天落，霁后山川看素清。
莫怨茫茫冰冷意，春融润物见温情。
（四）月
欲上峨嵋望半轮，期看满映五湖春。

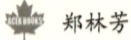 郑林芳

还酬辗转思乡夜，独照幽幽远客身。

【七绝】蟹爪兰乍开
屋角盆栽蟹爪兰，年来少顾叶枝干。
忽然今日开红蕾，几朵便驱冬室寒。

【七绝】行吟
林疏川浅夕阳斜，风过芦汀飞雪花。
拾步沉吟清景里，漫裁新韵忘还家。

【七绝】观胡校长彼岸红妆图
劫波漂渡以何堪？迷向亦无青鸟探。
今见红花明彼岸，楫舟沧海可为参。

【七绝】林下之风
千里快哉乘浩气，不期萧散落林间。
元知天道能相倚，任是虚形也等闲。

【七绝】蔷薇之恋
娇妍新绽溺晨昏，零落时分欲断魂。
幸得天香金诺在，来春还可诉情恩。

【七绝】雪霁即景
推窗满目入琼枝，一苑清纯欲看迟。
晓日却嫌颜色少，霞辉漫抹作胭脂。

【七绝】中秋月
未把素怀时刻倾,清辉满捧一年成。
唯期三五团圆夜,洒向人间都是情。

【七绝】望岳诗词学校步韵刘凤英
翰墨研磨觉有香,吟哦更醉韵声扬。
人生幸得此余事,可抵漫漫岁月长。

【七律】邻里春花开
园旗招展看新裁,邻里春花次第开。
风信葡萄擎紫串,水仙金盏耀庭台。
玉兰初把冰心表,枫蕊会将人意催。
为报旧年承友诺,诗情今岁再书来。
注:去年(2023年)初春曾为拍摄的邻家春花写了前两句,当时诗友吴晔要求完成一首,却待今春(2024年)续完,自笑这诗情可真是绵长。

【七律】春日野望
急雨频催绿更稠,河川水满没芦洲。
堤头树杪莺相唤,苇隙流中凫伴游。
田主已将新地垦,园丁还把败枝修。
春生夏长忙双季,愿有累累一硕秋。

【七律】中秋之夜梦醒思母

窗外蟾光仍看明，庭花姣姣野林清。
相逢梦断欢难续，醒别情连忧伴生。
故苑空枝无鸟顾，他乡永夜有蛩鸣。
依稀似见孤偻影，月下长望止复行。

【七律】登泰山有感

忆昔攀登临玉顶，峰头雾涌望沉浮。
飞泉似练崖松逸，石径如悬涧谷幽。
中见青丘崇圣峻，东来紫气御龙虬。
秦皇汉武皆封禅，可得英名万世留？

【七律】黄河吟

长河尚未出龙门，落瀑声哮气已吞。
九曲湾承三水澈，黄坡段接一川浑。
波淘岁月知兴替，道改经流探委源。
华夏文明何处溯？当回此域再寻根。

【七律】登长城感怀

巍巍岭上虬龙卧，一道雄关北域横。
战地狼烟催戍士，边疆响鼓动旗旌。
千年帝国千秋梦，万里长城万骑兵。
但念征夫何苦贱，还期世界少纷争。

【七律】长江吟
雪域冰川接远穹,春风化解汇溪洪。
滩洲尽浥千乡沃,水道相连九省通。
峡雾由来滋赋手,江潮自古弄英雄。
年年使命年年负,直到沧溟始是终。

【七律】学诗
学诗稀有惊人句,寝食难安梦不清。
起意开篇常望月,投囊集锦总吟行。
贬褒研习春秋法,字号效依唐宋名。
唯愿几时凭妙笔,墨笺流彩且生情。

【七律】历史人物二则
(一)张骞
孝贤方正举家乡,帝令相承出未央。
西域已知千里远,北囚谁料十年长。
逃归道上餐风雪,守节心中明圣光。
大汉自兹终挞虏,开通丝路贸商忙。
注:未央指汉武帝的未央宫。

(二)玄奘
曾骑白马梦禅缘,修习释儒心亦坚。
能见真如于表相,愿求经典向西天。
蛮胡诡域千关阻,大漠雪山孤命悬。
写就传奇成壮举,无常已渡此生圆。

郑林芳

【七律】谨和李商隐无题雅韵
相见时难别亦难,年年牛女恨河宽。
雁丘词改遗山痛,抱柱信凭洪水漫。
生死不渝成绝唱,参商永隔作长叹。
尘缘未了如何解,化蝶还将恋曲弹。

【七律】望月有思
楼头望月是何人?羁泊天涯一客身。
故土还归须寄梦,乡愁犯惹总沾巾。
莫提萱草堂前种,休说佳肴席上陈。
菽水也堪成至味,清辉若此共慈亲。

【七律】赏评"富春山居图"
莫道黄公年事高,三年逸兴染纤毫。
云游山水丹青卷,意写渔樵归隐陶。
胜誉兰亭凭淡雅,冠名神品竞风骚。
点描皴染白留处,却看江天无浪滔。

【七律】丁香缘
前年堤岸偶徘徊,一阵芳馨扑面来。
照眼紫娟教爱慕,移株青涩试培栽。
闲愁始为丁香结,关切难凭字句裁。
终得纤秾春意发,还将花季作频猜。
注:前年在河边散步偶遇一株盛开的丁香树,心里喜欢便挖了旁边的一棵极小的丁香树苗回家试种。经二冬室内盆

栽今春终于长出多片绿叶并发侧枝,以诗记之。

【七律】叹李白
少年高赋大鹏翔,仗剑怀才走四方。
但愿心中功业立,再将事后俗身藏。
名山访为求仙道,宰辅谒因思庙堂。
谁料京华独憔悴,唯凭诗酒释愁肠。

【七律】记杜甫
七龄便作凤凰咏,廿岁凌云志欲酬。
苦历几番妻子散,诚怀一世国黎忧。
诗堪绝代格堪仰,语不惊人死不休。
浊酒杯停无着际,岂知身后圣名留!
注:借用杜甫的《江上值水如海势聊短述》诗句"为人性僻耽佳句,语不惊人死不休。"

【七律】芸香感恩节欢聚和韵罗晓军
一似去年天气新,清风拂面醒精神。
秋阳照里景如画,文友暄中语胜春。
喜试味兼红酒美,欣闻诗斗笑声频。
琴音起处升歌舞,此刻亦尤怀故人。

【排律】牛郎织女传说
昔有放牛郎,原生在野乡。
风云常不测,父母早双亡。

兄嫂生嫌意，孤单逐岭荒。
悉心陪病犊，每日饲鲜粮。
良善施神兽，姻缘报热肠。
碧池窥淑丽，仙子着红裳。
互把仪情诉，而将律戒忘。
鸳鸯欢好合，蝶蛱喜同翔。
三亩家园建，四时耕织忙。
清晨迎熹曙，晚暮对斜阳。
吠犬鸣禽闹，粗茶杂黍香。
生涯何细腻，岁月似悠长。
谁料天庭怒，欲教威慑扬。
一时云暗黑，霎那地昏黄。
王母携妻远，夫君觉意惶。
牛皮披身体，儿女入箩筐。
挑担几追至，划簪难计妨。
星辰波浪涌，爱侣泪眸汪。
所幸来灵鸟，因之架鹊梁。
年年逢七夕，稍稍慰情伤。
夏夜银河灿，人间抬首望。

【古体诗】貂蝉咏
时临汉末起纷争，三足雏型尚未成。
篡贼弄权朝野乱，美人拜月计谋生。

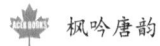

清幽夜苑闻祈语,和软柳风摇水淑。
檀雾炉中袅袅升,貂蝉阶下迟迟伫。

明眸细耳佩琚珍,杏颊蛾眉点绛唇。
二八初呈倾国色,九宵羞隐素娥身。

应知弱女心冰洁,更敬娇姝怀壮烈。
玉碎拼来大义存,可怜从此芳尘绝。

【浣溪沙】相逢
(记与多年未见友人相逢情景)
急至门前将客迎。小儿成长主人惊。多年念意欲相倾。
窗外霏霏春雨浥,座中袅袅茗香萦。一坪园草已青青。

【浣溪沙】赏荷
日暮青山天色酡。湖堤茂树影婆娑。曲廊水角遇娇荷。
娜娜瑰姿闲照水,田田翠袂慢裁罗。风流华岁任蹉跎。

【浣溪沙】夏至观园景忽思陶公
地气湿暄昼最长,小园花事暂停忙。粉蔷红药渐销香。
林木扶疏尤谧静,晚风携雨更清凉。陶公应酌几盅觞?
注:夏至听戴建业讲《走近陶渊明》,并进后园观景,学用陶公田园诗《读山海经》其一"绕屋树扶疏"的"扶疏"一词造句。

郑林芳

【浣溪纱】朔风天驾车即景
车遇罡风恐欲倾,临窗如有箭梭鸣,断云纷沓远空行。
却看野芦弯复举,再望天地朗而清,道前光景已分明。

【春光好】观春到太湖鼋头渚视频有感
风时冷,树稀青。水犹泠。北国至今仍有,雪飞庭。
却看太湖帆满,唯望翠树花明。无限春光漫泄了,过荧屏。

【画堂春】门前花开(用旧年韵)
园风和暖雨逢时。郁金香又支支。也知人爱觅新奇。
但守花期。
笑靥还看灿烂,艳秾惹醉芳姿。真纯一片最心仪。
再赋春词。
附:去年填【画堂春】
东风终至雨如丝。郁金香开园畦。忆曾躬种去秋时。
也数花期。
灿灿新呈笑靥,婷婷轻曳身姿。漫开绚色一支支。
足慰春迟。

【鹧鸪天】贺《枫吟唐韵》诗集出版
一树桃红明院墙,盈街草翠照轩窗。难寻邻里行人影,唯有风中笑语扬。
刊雅集,贺芸香。邀烹美馔试原汤。情投趣合缘唐韵,还把诗乡作故乡。

【鹧鸪天】观东营鸟浪奇景视频

河海滩头夕照红。雁凫群起似玄风。转成巨网撩纱曼,又作丘山聚墨浓。

轻浪叠,薄烟重,万般影幻有无中。鲲鹏更见逍遥意,长翅翩翩舞碧空。

【鹧鸪天】野川早春

阵阵河风吹面凉,教人屡把早春忘。夕阳即下乾坤暗,淡月初悬暮色苍。

堤树曳,渚芦扬。寒鸦不见聚空翔。却看川野茫茫处,一道冰开流水长。

【疏影】中元有情思

连天雨瀑。见树深鸟寂,泥湿台漉。绿郁红残,满眼沉沉,临窗不觉眉蹙。千头万绪难梳理,恁怎地、心生幽独。似断珠、结化愁云,堕泪渐堪盈掬。

须问何由悯悯?怨中元月隐,烟笼梁屋。念老忧亲,事杂神烦,哪处寄同谁哭?欲求好法消闲恨,忽得解、觅诗来读。至处暑、气爽阳明,又是草青花淑。

【踏莎行】小年夜与国内亲友视频有记和韵关伟

永夜凝寒,霜风吹絮。相思催落梨花雨。岭南已见柳依依,东风搓就鹅儿缕。

旧岁将终,金蛇来舞。征鸿应启回归路。银屏相视话连连,清樽长举酬亲故。

【定风波】秋园
（倦日散步偶见邻居秋园仍美有感）

向晚天边惜落霞。声嘈影乱树飞鸦。倦怅无名离室屋。惊目。一园齐美现邻家。

丛灌修平青草厚。还有，竺葵秋菊格桑花。翁媪躬耕望白首。心疚。何由年壮总嗟呀？

【松梢月】白露听雨

数日柔晴。今时转黯色，风起云凝。杨叶飘落，黄褐漫缀坪青。几点飞过阑干湿，忽密急、叩打窗棂。欲破鼙鼓，盆瓢覆，水哗魄魂惊。

夜来声渐缓，露滴轻击节，流砌琮琤。物候虽换，秋韵莫引悲情。水调何当闻交响，起伏处、跌宕人生。耳悦心动，为天籁，更堪听。

【临江仙】秋游
（重阳节感恩节周末郊岭登游有感）

重阳感恩时次第，天高气爽秋清。野田林树已黄橙。望中多绮秀，郊岭喜攀行。

潋滟湖光收眼底，彤彤枫色燃情。也知好景会飘零。荣枯原有道，何不醉丰盈。

【忆江南】大雪

冬宵静，鹅羽舞蹁跹。旧圃荒园妆素锦，枯枝衰杪缀新棉。晨起讶嫣然。

【踏莎行】南国初冬短暂访友
气淑云祥，草鲜花妩，迢迢北雁初南渡。入冬是处似经春，东君谁使多怜顾？
雀鸟嬉飞，朋俦笑语，今时得聚何难许。人生此际莫言愁，且教别意随风去。

【清平乐】芸香秋聚
相期几许。乘晓风千缕。天广秋高凭云驻，路远无妨欢旅。
陈肴开宴湖湄。弹琴歌舞者谁？更有猜诗逗趣，柳扬雁戏鸥飞。

【相见欢】冬日闲居
节时已近隆冬，惯霜风。屋内一龛炉火正熊熊。
兰姿美，诗心会，遣词工。但见皑皑园雪鹿留踪。

【忆秦娥】怀亲
风枝折，幽幽暗树啼鸦越。啼鸦越，声惊梦断，怎堪亲别？
奈何夜半思难绝，冬阴又把朝晖灭。朝晖灭，漫天寒彻，一窗飘雪。

【虞美人】忆别同窗
和风吹得池波皱，拂翠堤边柳。盛开桃李正当年，何忍寒窗知己别花前。
明朝驿站还相送，耳畔多珍重。如今鱼雁渐稀疏，愿信沫濡无若忘江湖。

【西江月】逆旅

鬓上又添星烁,镜中更看颜凋。半生检点却寥寥,多为营谋粱稻。

万象世间皆寄,百年过客谁逃?偶然志得似天骄,也是泥留鸿爪。

【厅前柳】北国早春雨后

雨余天。草径湿,轻寒起,冷秋千。怎还似冬阴笼,树含烟。看寥寂,瘦春颜。

这次第、东风疑忘却,把愁云惨雾吹掀。盼几声清啭,递枝间。更堪对,一园妍。

【望远行】夏园

昨夜喧声雨尽倾。朝来光满暑濡清。林翁草翠树藏莺。新开花艳露晶莹。

牵怜意,惹闲情。一园风物叹何荣。无为之道自然生。推门还有鹿儿惊。

【破阵子】孙大圣西行前记

竟日嬉游自在,一方进退逍遥。花果山中朋众兽,水洞帘前称楚翘。学师多绝招。

定海神针乞获,阴曹死簿勾销。易入天宫仙殿闹,难自如来掌上逃。五行待度超。

注:五行指五行山,传如来佛祖用五指化作的五行山把孙悟空制伏压于山下。

【行香子】说宝玉

堕落红尘，幻入侯门。补天才，贾宅骄孙。温柔富贵，尽享荣尊。却行偏僻，情迷乱，性乖真。

灌愁海渺，离恨天昏。痴公子，更与谁亲？前缘木石，只道还恩。叹镜中花，水中月，梦中身。

【满江红】读水浒反思

一部传奇，描摹尽、孝忠奸黠。谁料想，绿林豪杰，也曾凶煞。三教九流多是歹，武官文仕原非侠。因误放、地穴百魔逃，屠刀拔。

鸳鸯阁，仇溅血。刑法地，人成屑。祝家庄三打，老孺同灭。除暴安良虽有道，滥戈狂斧浑无节。须知晓、义胆并慈怀，方成佛。

【玉楼春】中元怀亲

潇潇一夜凉初透，晨觉唯闻檐滴漏。望中园树黯沉沉，黄叶飘坪堆渐厚。

流光虽许常回首，憾恨却生回首后。苍天如哭每今时，慽慽又教吾湿袖。

【鹤冲天】听古琴曲"平沙落雁"

秋水澈，远山长。天际染霞光。浅滩沙渚草苍苍。归雁唤声扬。

清音袅，余韵绕。抹按复繁猱挑。谁人弦缓渐心翔，凭任到原乡。

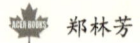 郑林芳

【念奴娇】（苏轼体）三国演义蜀将忠义颂
战危时乱，最堪见、豪杰英雄忠骨。结义桃园，齐发誓、兄弟同生共殁。大雪纷飞，茅庐屡顾，诸葛持牙笏。君臣相惜，美谈今日还说。
云长回觅主公，独骢千里走，风中髯拂。阿斗无踪，长坂役、唯子龙堪拼夺。伟略雄才，时人多赋作，野心词阙。风流长调，我歌诚信操节！

【渔家傲】立秋夜有感
繁春喧夏容易度。倏而一夜开秋序。深院只闻催织语。人眸驻。金轮欲满悬高树。
犹有花香凝叶露。幽光点点萤虫舞。难得片时清若许。何必顾。任凭闲事随风去。

【少年游】悼记唐伟滨先生
金秋正欲赏丰盈，果熟菊欣荣。西风忽过，华英霎堕，平地一雷惊。
才高自许堪量斗，还记那年争。调弦放歌，激扬文字，音貌已深铭！

【浣溪沙】中秋有忆
金镜悄悬光满园，纤云长曳茜纱烟。楼头独立思绵绵。
樽酒尽倾人不寐，谦谈直至月西天。忆中犹有饼甜鲜。

朱九如诗词集

朱九如，格律诗词曾发表在《山东诗歌》《华侨新报》《七天报》，2019年《齐鲁文学》上、下卷，2020年《齐鲁文学》春之卷、秋之卷，"魁北克诗词研究会"网站，《华侨新视野》《望岳海外书院》公众号等报纸网络上。2024年参与《枫吟唐韵》诗词集新书，集成《朱九如诗词集》。

诗观：诗言情志，淡泊自然。

【五绝】红梅
朱砂轻点雪,暗馥动寒苔。
未觉东风至,春晖满院来。

【五绝】地兰
节节破春泥,青青剑叶齐。
风来香篆远,雨过胜虹霓。
注:地兰,儿时在贫瘠的土地上生长的兰花。

【五绝】竹悟
劲节铿然啸,虚怀纳八荒。
刚柔皆道韵,韫玉有寒芒。
注:竹悟,李小龙武道哲学竹之悟。

【五绝】菊
黄英秀雅姿,济瘦赠香时。
不竞春芳艳,秋清满棘篱。

【五绝】蒙城初春
风柔芳草绿,雪尽水潋潋。
枝上谁家雀,啾啾报早春。

【五绝】贺望岳新启
笔落凝情重,诗成动海潮。
千年风雅在,望岳更扶摇。

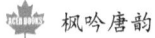 枫吟唐韵

【五绝】迎春花
古树现新黄，寒中递暗香。
金铃摇岁早，先领百花芳。

【五绝】朱槿小咏
晨光点绛唇，细蕊吐芳新。
纵作飘红去，犹惊陌上尘。

【五绝】闻扬琴
键落千钧势，弦飞万点星。
柔云吞铁马，珠玉破银屏。

【七绝】题图
清描简划去纷繁，纤手支颐一秀媛。
心静容怡情脉脉，朱唇未启已千言。
注：赏福雷斯特极简画右手托腮的女孩。

【七绝】忆雪
犹忆蒙城三尺雪，风雕玉树夜生寒。
晨来喜见苍茫界，疑是琼台落嶂峦。

【七绝】风信
轻烟拂柳过群山，花事吹来满水间。
拾翠顽童归向晚，余香犹带不知闲。

【七绝】故乡月
清辉又满庭前树,疑是霜痕落旧栏。
廿载萍踪归未得,一轮也照故园寒。

【七绝】五月鲜花节
陌上新开照水轻,风催鼓点舞纷生。
繁英绚烂绘春色,此处和光入画成。

【七绝】睡猫
青藤阴重绿阴长,慵懒双猫卧草床。
蝉噪声中眸半阖,不看蝶舞过花墙。

【七绝】佩姬湾灯塔望海
孤塔临风立浪斜,随波帆影泛轻花。
惊涛击岸声如鼓,一梦归船泊我家。

【七绝】夏庭
(用韵敬和孟浩然"溪亭偶望")
猫慵鸟倦睡虫还,似火团花耀树间。
忽有风来惊午梦,乱红飞过小池湾。

【七绝】观毛公草书
笔挟风雷裂素笺,豪情壮志墨云巅。
真龙岂固方圆法,一纸苍茫见大千。

【七绝】端午食粽
青芦裹玉糯香融,赤豆点脂霜雪红。
轻解麻绦云气漫,人间至味是淳风。

【五律】凭阑举杯
明月几时有?依稀照旧衢。
寒蝉声渐短,玉树叶趋朱。
远岫云遮木,兰舟夜泊苏。
凭栏谁与共?举杯对冰壶。

【五律】王维"山居秋暝"逸趣再现
(走绿山墙林间小路)
林壑新晴后,幽人独往还。
柔风衣上起,清涧树边闲。
翠鸟遥穿霭,轻歌远出山。
偶然逢老叟,共说水云间。

【五律】读苏轼"定风波"
邀友踏林行,浮生一念轻。
芒鞋穿雾气,竹杖点溪声。
心净尘皆灭,思空物自平。
向来萧瑟处,无雨也无晴。

朱九如

【五律】对弈
素玄经纬分,落子动星文。
静里藏盔甲,闲中运重军。
侵边风掠阵,夺角浪崩云。
举子得闲趣,忘机无世纷。

【五律】冬雪
寒云悬北岛,一夜雪无声。
老树披银甲,空街落玉英。
风来千巷寂,灯暖半窗明。
欲写家山事,呵冰砚未成。

【五律】春动
雪尽水柔情,烟笼暮色轻。
一枝红杏闹,数点早莺鸣。
草展晴光软,花开夜气清。
东风吹未歇,无处不新生。

【五律】夏思
院静花千树,香风动我琴。
绿阴开旧梦,红萼照初心。
常忆栽兰手,犹闻唤子音。
年年芳草在,每每泪沾襟。

【五律】秋色
驱车向旭阳，一路一秋香。
光染层林醉，霞开万叶张。
高枝红烈火，远岭淡娥妆。
枫影随风渡，群鸥共水长。

【五律】海洋三省自驾归途
（步韵李太白"渡荆门送别"）
客路苍茫外，飘然向后游。
风携新草舞，浪卷暮沙流。
云雾隐灯塔，霞光照角楼。
何当骑鹤去，不系武陵舟？

【七律】晨练太极
晨光初透映檐廊，动静循环意气长。
抱月虚怀含宇宙，分鬃野马踏阴阳。
单鞭蓄力松间劲，云手连绵柔里刚。
十六式成风渐起，势收犹带露华凉。

【七律】太极八式
倒卷肱中开式运，膝搂步拗气绵延。
分鬃野马破云雾，开手浮云拨九天。
独立金鸡神稳定，腾空单脚意安然。
掤捋挤按身移步，太极修行又一年。

【七律】神游泰山
未踏石阶心已骋，扶摇直上碧云天。
玉皇殿顶观沧海，瞻鲁台前瞰大千。
汉柏擎霄斟露饮，秦松掩月伴星眠。
忽闻山麓钟声起，金屑纷扬洒万巅。

【七律】黄河颂
昆仑乳汁灌桑田，哺育炎黄万代延。
怒浪曾吞倭寇影，惊涛犹记隽英篇。
臂膀九曲环疆土，血脉千秋养俊贤。
今日长堤春柳绿，颂歌齐唱永相传。

【七律】庚子夏偕友登长城感怀
危阶共踏庚年暑，绝壁惊呼龙脊盘。
箭垛穿云吞朔气，烽台连日锁荒寒。
砖铭秦汉风霜迹，石勒亚欧烟雨栏。
回望来时千里路，汗痕干处意阑珊。

【七律】南京大桥望江
百尺桥横瞰浊流，苍茫谁解古今愁？
千帆影带六朝雨，万鸟声呼两岸秋。
风伴秦淮拂烟柳，浪摇玄武抱琼楼。
凭栏忽忆堂前燕，一片风烟白鹭洲。

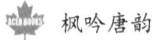

【七律】读易安"感怀"
残编零落砚铺尘,独坐空堂忆旧珍。
往日赌书翻汝盏,今宵酌酒对吾身。
夫君常为虚名累,贱妾仍怜本性真。
欲向冰轮寻结果,青灯影里认前因。

【七律】慕太白豪气有感
独上高楼饮太清,星辰俯耳听狂生。
冲霄剑气长空裂,拍岸江涛深壑鸣。
万里云山归醉眼,一尊风月寄余情。
青莲寻得蓬莱路,堪笑人间世态轻。

【七律】观国画牡丹松禽图
香凝秀色绮云栽,双鸟翩然松上来。
赵粉临风摇玉露,虬枝沐月映苍苔。
纤毫点染三春韵,彩墨轻描九曲台。
何必仙山寻阆苑,丹青自有小蓬莱。

【七律】乙巳泛美华社龙舟赛
战鼓惊涛动远疆,群龙逐浪势腾骧。
百桡劈出山河势,一啸呼来楚汉狂。
异域仍飘香草韵,同舟共沐楚荆光。
莫言文化隔瀛海,万桨齐挥即汉唐。

【七律】野外宿营
（咏人间有味是清欢得清字）
野地煎茶水正清，密林深处听虫鸣。
风来树影摇斜日，雨过花枝缀满缨。
淡饭粗羹滋味美，鲜蔬生果汁胶盈。
曾贪重口终无益，难得人间一道烹。

【浣溪沙】惊蛰
未得惊雷微雨裁。冰河万里始封开。鸭群嬉戏水中排。
草色微微呈暖意，雀声呖呖唤春来。小园锦绣已心怀。

【浣溪沙】端午龙舟
香粽清樽祈吉康。今年端午动沧浪。龙舟千里赴潇湘。
棹影斜波齐飒飒，喊声震宇复锵锵。离骚欲唱更疏狂。

【春光好】迎春
微风暖，碧空明。柳枝轻。雀啭恰传花语，把春迎。
隔壁老藤衔绿，邻居满院侵箐。何慕人家春色好，自勤耕。

【鹧鸪天】郁金香
每每知春展绿裙。风霜雪雨不消魂。衔苞脉脉含羞色，吐蕊妍妍胜彩云。
拥切切，护勤勤。晨曦暮霭绽缤纷。人间四十寻常日，倩影时时吾梦循。

【鹧鸪天】贺《枫吟唐韵》出版

鸣雀清风皆有情。喜传盛事绕蒙城。韵联丽句成佳作,香结清词汇集行。

延古趣,道今声。四时文笔不停耕。枫乡共话桑麻事,幸有诗书伴一生。

注:2024年6月15日Acer Books新书发布会,芸香诗社结集《枫吟唐韵》。

【清平乐】雅舍秋聚

露寒风净。盘翠醇香进。光影共欢杯盈兴,曲赋歌词相竞。

舞姿曼妙翩翩,诗情醉染云天。莫问黄花谢否,且将雅聚年年。

【明月逐人来】秋忆

枝摇花捲,寒蝉声浅。西风起、忆思重返。月华如水,庭院黄菊散。小径清幽致远。

长夜难眠,故影如新重现。低眉处、心潮浪卷。谢红点点,畴昔山花灿。再忆秦淮河畔。

【定风波】再回首

卅载浮沉似转蓬,跨洋求索雨兼风。工暇偷光书为伍,谁与?昏灯又映旧萤虫。

再渡枫乡求美景,堪冷?夜深踏雪返家匆。终见云开三俊秀,当叩,相携白首谢苍。

【菩萨蛮】岁末感怀
寒山寂寂松风老,斜阳暮映烟霞渺。心浪向东流,长空万里遥。
浮生多聚散,往事空凭盼。杯酒对青灯,新途又一程。

【菩萨蛮】忆同窗
剑光旧式惊鸿舞,飞身梦里翔穹宇。汗渍白衫香,犹沾诗数行。
填词星月点,习武朝霞染。竹影泻清辉,常回论剑时。

【钗头凤】金玉劫
前缘许,今朝雨,世尘难掩玲珑苦。元妃敕,姨娘易,欺天移日,骗哄同室。迫!迫!迫!
人情误,真心付,断肠焚稿香魂去。通灵佚,山盟拆,寒簪空枕,此生何益?毕!毕!毕!

【少年游】远行
青衫负笈出乡关,云树隔千山。灯前旧诺,梦中慈影,归计总无端。
而今雏雁乘风去,天地任鹏抟。目送飞鸿,挂牵远路,含笑泪痕残。

【忆江南】怀父母
炊烟起,低首试羹汤。绾袖灯前缝旧褥,携春园里拾芸香。回望两茫茫。

【望远行】（依李璟正体）咏朱槿
细蕊澄澄惹动情，红绡几簇照眸明。青云举影上雕楹，炎炎烧尽为谁荣？
朝含露，暮辞程，但将颜色谢天成。人间何必计枯荣？倾心虽短即平生。

【渔家傲】（依周紫芝体）安妮绿山墙
碎剪红云秋水皱，孤身瘦影寒初透。蹊径浓荫苔迹厚，苔迹厚，木窗青锁流光旧。
野蔓缠篱花事逗，新书虚掩诗痕瘦。试问桃源何处有？何处有？花墙影里春风漏。

【阮郎归】贺蒙特利尔加拿大中华书画艺术展
丹青飞越海之涯，枫邦聚物华。四城名笔展云霞，挥毫书画斜。
融古韵，汇今葩，中西合璧佳。蒙城首绽艺坛花，人们笑口夸。

【阮郎归】贺 CUAME 成立
桅横淘浪百年喧，风霜蚀旧颜。铁钉无语枕尘烟，星光刻愤冤。
联新帜，汇千川，同擎平等幡。多元同处绘新篇，山河共此寰。

【注】CUAME: Canadians United Against Modern Exclusion （加拿大反对现代排斥联盟）

朱九如

【踏莎行】友谊之声合唱团齐唱"黄河颂"
声裂层云,气吞风雨,雷涛翻作惊天鼓。百喉齐唱汇银河。千峰崩圻黄河怒。
肝胆同燃,宫商共铸,炎黄志气歌中谱。金声飞越海之涯,长风万古雄魂铸。

【踏莎行】观南京照相馆有感
黑影难当,悲情难遏,几翻不敢窥腥杀。暗箱深锁未瞑眸,银盐浸透屠城血。
反抗犹存,坚贞犹烈,怯懦未必无豪杰。永怀历史自需强,和平光火还尘澈。

【西江月】忍别
晓色站台凝语,儿行满是叮咛。转身孑立踏前程,从此天涯驰骋。
忽忆那年娘送,风吹白发飘零。而今我是那长亭,目送千山雁影。

【破阵子】孙悟空
霹雳崩开混沌,金睛射破云帷。怒竖赤冠行海岳,笑握千钧蔑帝威。乾坤独傲姿。
水怪潭前雷动,山魔穴中霆飞。万里涤埃清玉宇,一棒除妖澄际涯。人间迎圣归。

【满庭芳】诸葛亮

羽扇纶巾,隆中对策,壮怀平定乾坤。赤诚扶汉,筹算鼎三分。几顾真心打动,兴伟业、发誓坚贞。江山远,孤臣补阙,丹血写忠魂。

星湮,灯未灭,躬身尽瘁,社稷承恩。善谋智超群,今古传闻。遗表出师尚咏,千载后、涕泪犹新。长留在,风云天地,亮节感来人。

【青玉案】林冲风雪山神庙

长矛裂雪风涛怒,虎牙颤、龙喉吐。百万禁军麾下聚,本该荣达,却遭冤锢,怨恨谁人诉?

荒祠无奈诛奸恶,旷野殚心叹悲苦,碎玉纷琼迷断路,孤灯单盏,残香半炷,独照红缨舞。

【如梦令】夏园拾趣

篱外莺啼新霁,架底豆垂珠坠。竹篓满晨光,膝下小猫轻戏。

闲憩,闲憩,一揽夏风盈翠。

【卜算子】夏院

碧色上疏篱,蝶影摇空隙。朱槿红霞茉莉云,香透琉璃壁。

风雨偶相摧,但有殷勤惜。莫道芳华易逝消,结果枝头立。

【古韵】昭君颂

香溪潋滟鸟微声,月色朦胧照秭城。

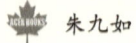朱九如

秀骨瑶姿难掩弃,高墙一入误平生。

丹青不赂终遭妒,冷落深宫枉自顾。
大义请行辞汉庭,红颜岂惧尘沙路。

旄头雨雪暗穹天,芳冢黄昏草郁芊。
魂断阴山寻旧梦,心随鸿雁向南翩。

兵锋百载归于帛,耕牧边疆柔水泽。
弱女温温抚悍风,和亲千古功名赫。
注:秭城:秭归城,王昭君出生地。

【古韵】吟咏梁祝
书院初逢杏雨寒,草桥结义玉心丹。
同窗曾度几春早,并席常留一寸宽。
词韵熏陶增雅致,诗香漫染感平安。
花前欲诉言犹涩,柳下频看脸渐澜。

十八偕行不忍离,三三倾吐奈何瞒。
柔情九转元神去,旧忆千重性命殚。
愿死愿生长护守,共飞共羽永相欢。
齐齐彩蝶穿虚境,自在悠悠天宇盘。
注:十八,指十八相送。三三,指祝英台在送别途中九次暗示梁山伯她是女儿身。

唐浩翔诗词集

唐浩翔（1970年1月21日—2025年9月29日），曾用笔名唐伟滨、（唐）飞龙、唐诗、鲁盾，自号白石滨翁；籍贯广西，加籍华人；日出劳作，日落写作。十余年来创作古诗词几百首，并新诗、散文、杂文、小说，翻译经典英文诗、英文小说等。（内容摘自唐浩翔先生长篇武侠小说《扶摇子》中的作者简介）

【五律】春半书至抒怀
残雪宜春焙，文章脉络清。
华侨新社长，笔友老门生。
初嗅红枫味，长醇赤子情。
人间评乐事，书与物繁荣。

【五律】月下杂感
明月几时有？人生各怅俱。
清辉犹泻瀑，照我此光颅。
天上如君者，城中剩一孤。
修行兼苦道，意念去蓬都。

【五律】枫华笔会
序：贺十月十九日枫华笔会于魅力边城营成立。
五年陈酿开，秋景照青苔。
苍鹭悠然去，行鹅舞且徊。
枫华林正艳，清瀑水轻雷。
松屋邀文士，年年更尽杯。

【五律】讽民国"诗圣"林庚白
诗圣遭追杖，斯文顿落荒。
前贤颇不敬，后辈敢称王。
古意拈来凑，新篇捣朽章。
疏才偏自大，莫道系猖狂。
小注：有人称林为民国诗圣，林庚白亦自称："十年前论今人诗，郑孝胥第一，我第二。倘现在以古今人来比论，那么我第一，杜甫第二，孝胥还谈不上。"众人哄笑，林庚白却若无其事；用柳亚子杖逐林庚白典。余搜林诗词一读，多是用古人字句意境凑尔，不足一哂。

【七绝】春雪
三月梢枝隐豆蔻，丝丝春雨润如油。
娉婷一夜颜尽白，敢问卿怀几许愁？

【七绝】题老何仿老知青黑白照片
犹忆当年曾二八，风华绝代亦无邪。
乡间小屋峥嵘影，灿笑依然不老花。

【七律】叶嘉莹先生千古别
叶褐清池寂满园，嘉声曾荡水中原。
莹听瑰丽贞观语，先赋愁豪长短言。
生若夏荷情永洁，千般桃李念恩繁。
古人一见如新晤，别后仙游历代喧。
注：叶褐，叶嘉莹先生本姓叶赫那拉，满族。

【排律】听琵琶赏析会有记
春早乌云城尽湿，午阳初破倦人羁。
浮生偷得闲暇半，闹市偏藏仙境支。
叩寺登楼吾恍惚，中堂坐镇佛悲慈。
红尘偶聚烧香客，俗世难求一匠师。

拨指弹挑年苦练，诵经敲木日常为。
从心而发缘由是，以乐征途道永随。
注：甲辰年二月初八于佛光山满地可华严寺观刘芳琵琶演奏并赏析会

【七律】天台畅饮
序：十月四日夜与众文友上老港 Hotel Place D'armes 天台
天台畅饮望高楼，迭次攀肩比不休。
入夜华灯银纵灿，升霞彩带玉横流。
喧声阔论谈今古，却恐耽惊最上头。
未醉辞仙嬉笑去，归情难舍意淹留。

【七律】大寒
雪沙游走龙风卷，夜号晨吹至极严。
北国山川惟兀兀，南园草树岂纤纤。
星辰暗寂寻明月，河汉冰清觅玉蟾。
运道精深周复始，蛙声不久动春帘。

【七律】雪境
序：蒙城乙巳冬四天录得一百廿七年前降雪量七十二厘米王导 Sunny 特嘱赋诗因得七律一首以博诸位灿然耳。
天公一怒狂吹雪，气壮山河百载闻。
地覆琼花三万顷，蓬莱境界蔚如云。
神仙料是无烦恼，俗子身前愁几斤？
莫叹途难山阻断，红尘世上再逢君。

【七律】咏"王语嫣"吾书道之师
春日樱花灿比云,桥湖菡萏艳微薰。
泉城水秀王家女,会稽山清见右军。
笔法如神丝毕现,章形若鬼势重闻。
琅琊逸少魂犹在,造墨吾师解道君。
注:吾苦练书法多年不得门道而入。近日无意中拜得山东济南王姓姑娘为师,方习得书道一二。惊觉其神秀灵动,冰雪聪明,声音动听,温婉大方,且谙熟书道各门派武功秘籍,堪似金庸《天龙八部》中的王语嫣,作诗咏之,以表钦佩之意。

【七律】未回乡最后一次偶书
激滟春光逐次开,江东柳望故人来。
荔枝龙眼垂涎客,旧雨新知尽兴杯。
就此长舒萍根意,何如短慨久别怀。
天方一阁身藏处,密密情丝必生苔。

【疏影】词思起恰逢处暑,步吴晔原韵
神摇激荡。历三番炙后,清足轻掌。暑雨狂飙,南北波涛,秋来才渐干爽。莲荷艳熟初凉起,最宜约、知音游赏。却可怜、人各东西,唯任藕丝滋长。
曾记芳华往事,斗诗琴俏语,还饮佳酿。人似浮萍,随遇而安,时盼来年春幌。不如一见千金换,胜过那、万千相望。待重逢、肆笑寻常,谁怕老躯疴恙!

【定风波】秋情

一缕秋声逼赏花。佳期若错负年华。古月新人谁不寂。还忆。此生几度影孤斜。

莫说尘间情太久。回首。阴晴圆缺总相赊。未唱离歌心已诀。难别。何妨且约聚天涯。

【大酺】秋分

昼夜均分，萧风色，渐染村中吾屋。篱墙排杂树，叶黄消瘦意，眼帘轻触。沉浸兰亭，曦之宝墨，如沐千年丝竹。流觞停盏处，或风雅诗阕，或醺眠熟。慕贤士清高，胸襟旷野，自为幽独。

惟生死太速。似江海、奔若滚车毂。看朝代、宫廷南北，銮殿东西，俱灰飞、念伤心目。但作清无客，调弦唱、半生缘曲。莫思虑、天堂国。云乌压地，时落圆珠秋菽。此夜谁曾剔烛？

【清平乐】秋聚

序：甲辰年八月廿六日，晨起云雾缭绕，渐午天朗气清，惠风和畅，芸香诗社在关姐操办下聚于 Angrignon 公园，记之。

芸香几缕？试问天仙女。柳絮才思身可舞，浅笑间偏无语。秋塘数鸭谁知？初凉若暖春时。花月均关酒事，恰凝一叶轻眉。

【明月逐人来】秋凉
序：十月三日晨大雾，诸事烦忧于心，作词自遣。
纱浓眠浅。朦胧如幻。秋娘正、暗中偷剪。叠云垂锦，似轻裘遮面。渐浸愁情万卷。
衣染红黄，明月逐人穿遍。悄然立、江山几岸。待望北疆，千里层林灿。笑释心中喟叹！

【临江仙】（依贺铸体）寒露
残夜凝露晨衣冷，泠泠似拂弦筝。清无惆怅对中庭。伊头雪迹现，郎首佛光倾。
该叹蹉跎诸事后，何如应季凋零。世人谁个不伶仃。青衫今古客，一样守黄灯。

【忆秦娥】作者
序：零四年十二月六日抵加，一晃廿载，犹如梦中，记之。
冰上雨。万千愁绪偏无句。偏无句。廿年去国，梦中轻语。
如烟往事终飞絮。谁留得住青丝缕。青丝缕。化情为雪，入词些许。

【酒泉子】未央艺术馆
江碧山门，千宝静藏春色，华厅密库紧相通。蕙人风。
琴棋书画俗尘空。笑坐未央公馆，酒茶数盏饮残红。性灵中。

唐浩翔

【瑞龙吟】二〇二五年元旦试笔
漂洋路。看廿四载杨花，素银装树。冷冷一道残阳，东西两照，萦魂梦处。
谁人伫。望嬉闹堂前阶，旧时门户。桥船错落南湖，花红草绿，轻歌漫语。
曾负青春年少，楼台水榭，尽迷歌舞。难料逝水东流，沙漏如故。迟来执笔，忘却铿锵句。沧州老、天山万里，深惭跬步。但志随鸿去。剩余岁月，梳情理绪。欲整三千缕。虽向晚，兼萧瑟凄风雨。笑秋叶落，对冬飞絮。

【水龙吟】孤雁
朔风横雪残年老，孤影方辞声唳。征程稍晚，山林俱寂，一生才至。回念春湖，引群呼伴，同吟莲米。怕辜负相期，悄然抖翅，天涯外、烟云起。
却道长空万里。驿亭寥、信无由寄。病身谁料，游踪何处，星斑又缀。听嘱渊明，不如归去，对桃花水。笑三钱苦恼，匹夫如尔，怎轻弹泪。

【行香子】七夕
月半银船，碧满苍穹。灿星河、桥上云蓬。如斯美景，恰此情浓。乘浮槎来，遣槎去，恨槎空。
经年一会，良辰百媚，尽相思、几万条红。牵牛织女，互逐难逢。看霎儿晴，忽儿雨，阵儿风。

【踏莎行】秋雁

秋声渐肃,时闻激荡。行行雁阵飞屏障。穿云越雨向南方,随行一路心神晃。

景阔山河,绵延絮纩。蓬莱俯瞰吾从上。扶摇九万里鹏程,思来半响真哉壮!

【踏莎行】乙巳新正开笔

瑞物温连,龙蛇冻沍。腾云绕卧枯枝树。酒酣天远觑前程,何妨蜀道高低路。

起落三番,春秋几度。今朝梦醒天刚暮。谁生白发绊初心,老夫尚有来年赋。

【六州歌头】秋

壮天阔地,气势为之雄。仙府洞。人鬼耸。讷言中。古今同。泼彩稍嫌重。神骁勇。恣情纵。林尽拥。琴箫鞚。奏西东。长饮醉醺,游太虚玄瓮。万物如虹。恍然逢后羿,射日笑收弓。怕醒皆空。太匆匆。

遂流连梦。观龙凤。翩舞共。转飞篷。南北从。轻倥偬。蔑牢笼。越荆丛。绝美芸芸众。心眼用。叹其功。云涌动。笛声弄。震诗翁。若雨潇潇,思绪三千种。怎奈西风!念旧家涯际,寒立老梧桐。远去归鸿。

【秋千岁】次韵少游

半生之外,旧梦如潮退。欢语散,愁珠碎。城南箫笛处,阙北山林带。空自望,残星挂角依稀对。

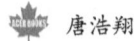唐浩翔

恍记桥边会,幼树应华盖。人已渺,情安在?落英春复见,去意终难改。何怅也!相思万缕同归海。

【芳草】短歌长啸

岁胭脂,欢颜素语,三分春色万风熏。少年人笑罢,才知落泪,远道尘轮。短歌长啸久,任余音、翠岑流云。舞锦绣、文章绘尽,黎庶王孙。

伤魂。芳华以后,梦痕处、数角衣裙。念初时意味,竟依稀婉转,连绵如茵。慨繁华易逝,看今明,绿草更新。未老也、空樽亦醉,唤作青春。

【渡江云】岁去无声

山暝青若玉,水流潋滟,细浪逐江沙。念迢迢故里,几处闲春,偷寄至余家?微寒残雪,但千枝、暗蕴风华。群鸟鸣、白鸥掠翅,远处更啼鸦。

堪嗟!年轮暗转,岁去无声,望天穹之下:星或雨、银盘圆缺,雾霭云纱。有心无意平常夜,不禁翻、逝若飞葭。愁怎敌、自开自落山花?

注:四月七日午后,倦极,欲小憩,上床竟无寐;遂翻阅枕边《词谱简编》,细读周邦彦、周密词《渡江云》,一咏春,一咏冬,同韵,甚觉有趣,突发步二周韵之愿耳。

【水调歌头】辛卯中秋前夕望月

谁令秋风急?明月又圆时。旅人安得心静?怅望一天池。此刻婵娟如水,转眼韶华即逝,不论在东西。几度常相聚,

几度又别离。

云霞影,草花暗,景堪迷。此轮明月,吟尽代代绝诗词!偏教人生苦短,起伏途中波浪,有路总难归。无奈天涯外,淡淡有愁思。

【暗香】咏夜来香

风清月寂。那儿时院落,鸣蝉花壁,入夜香浓,更伴幽幽断声笛。一梦三生怎记?都赋与、白芦秋荻。叹可叹、老树新香、唯逝水难敌。

虹霓。影堪觅。却恍惚沧桑,故人南北。半生曲直。他日重逢可相识?两小无猜欢笑,花几簇、余生沉溺。又阵阵,轻入梦,更无消息。

【丁香结】双伍有吟

序:甲辰年大寒生辰得双伍有吟,用吴文英韵。

檐竖悬冰,夜堆阶雪,正宜大寒微醉。未对诗词腻。老亦壮、撷阕丁香来砌。慨征程过半,人浮在、新旧梦里。归途难觅,纵马啸尽平生快意。

堪似。世外隐仙山,石洞偕芳草睡。懒管红尘,时来运去,顺今明背。惟念儿伴几个,笑耍荒郊地。问谁能轻易,忘却当时赤子。

【高山流水】腾龙、恋蝶与火鸟

琵琶一拨舞西龙。老图腾、今夜威风。云雪外翻飞,仙音内坠金宫。频回首、迅疾投东。春光媚,初草桥相结拜,柳绿桃红。诉卿卿密语，不解但情浓。

重逢。惊为女身见，媒妁聘、此爱成空。何恨哭坟丘，地裂化蝶追蓬。怨痴痴、绝美凄梦。曲磅礴，如涅槃升火鸟，遁入苍穹。赞山高耸，水流长、味无穷。

小记：乙巳大年初三晚有幸出席由 CFN 主办的新春音乐会，冒着严寒前往金碧辉煌的蒙特利尔交响音乐会大厅（Maison Symphonique），今夜主阵容是蒙特利尔电影管弦乐团（FILMharmonique）。曲目《小龙之舞》、《时代过去，继往开来……》、《守护者》和《龙王》，《梁祝小提琴协奏曲》，《火鸟》，是为记。

【鹧鸪天】春雪

昼夜侵移曦渐长。云疏雪骤透春光。轻绒触脸清肤水，厚被消身浊足霜。

催树醒，唤花芳。风华绝代竞衣裳。谁能解此卿深意，以泪还君一抹香。

【厅前柳】世情寒

世情寒。雨雪早，和风晚，待虫喧。问谁冷衣仍着，正阑珊。慨春至，有婵妍。

气可负、空怀千里志，叹何曾一马平川。谓此生留得，几残篇。又何必，乞人怜。

【厅前柳】清明雨

食烟寒。北国内，江南外，景千般。此枯树离离草，尚荒

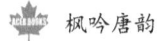

原。彼青柳，已桃颜。

泣诉雨，茫茫阴万里，寄怀思绪过关山。怯唱长亭外，笛声残。梦惟盼，故人还。

【满庭芳】未回乡再偶书

十载暌违，三朝别梦，几多花叶重重。青山锦绣，迎我返相逢。远客当年可识，一生累、西魄魂东。此孤旅，欲休难止，自况乃宾鸿。

残华还少许，偏偏忆得，碧翠梧桐。更兼那，雨声滴尽檐风。挥霍青春不吝，今皆付、谈笑之中。豪情在，来兮归去，尚有夕阳红。

【满庭芳】贺母亲八十大寿

左府江清，南邕水阔，严慈爱影重重。孤巢苦育，贞洁守夫忠。儿女连襟几处，飘摇便，辗转西东。阅人世，清欢尽在，一笑似游鸿。

余霞还遍染，亲朋各戚，礼让谦恭。更收得，六孙玉树临风。喜乐常怀共享，舞歌付，畅谈之中。佳期至，满庭芳贺，寿母着深红。

【望远行】回乡偶记之

暑气蒸人故景生。楼高花树艳常青。依稀印象总难成。徜徉行过短长亭。

尘盈面，汗难停。少时滋味最传情。年来回访忽心惊。浮生如梦是飘零。

【渔家傲】瘦荷

序：与妻均在病中，茶饭不思，憔悴如院中瘦荷，故得句。

独立淤泥难觅路。明思梦魇轮番数。一任浮生缸中舞。何人顾。伊谁亦在天涯处。

几醉豪情欢旧侣。当年莫道曾相误。扶病观荷轻叹句。休怨妒。无花无藕无惊鹭。

2025.08.02

【七律】病中诗

一命微微何所似？苍茫但若卷浮云。
湖边偶得流连处，四海涛声弃置闻。
曾去鬼门关中走，归来玉境总时曛。
残身半具惟余用，晓雾黄昏细捣文。

注：时从湖边医院转至超级医院。

2025.08.31

痛挽唐伟滨友专辑

——芸香诗社 2025 年 9 月末送别

唐公浩翔,笔名飞龙,唐伟滨。襟怀磊落,肝胆照人。今遽尔仙游,芸香诗社同仁谨以清词俚句,聊寄哀思。

【望远行】痛挽唐伟滨友

作者:马新云

几叹苍天辩不明。无雷偏炸一声惊。心思涌动意难平。秋阳金幕送孤灵。

英才去,祭空冥。欲留摘翰向寒青。音容从此觅云庭。诗魂长作托繁星。

【玉楼春】悼伟滨

作者:荣丽玮

昔时曾作秋词瘦,离别那堪秋草茂。流连心思晓昏语,忽作病中惊故友。

少年意气文章旧,每记雪泥鸿过后。五弦从此绝音尘,西风铁马谁击缶?

【少年游】悼唐伟滨先生

作者:许志军

天阴日蔽月华暝,痛惜坠才英。芸香旧影,圣河清畔,伤泣泪痕凝。

仙乡无灾尤无病,鹤驾祷魂宁。素未谋面,久闻佳咏,诗魄寄云庭。

痛挽唐伟滨友专辑

【少年游】悼诗友伟滨
作者：朱九如
疏林半夜起凉秋，何处伟滨游？酒醒花前，诗成月下，天地尽风流。
平生自是才情恣，也为稻粱愁。飞龙升天，俊文犹在，魂魄伴清讴。
注：伟滨微信名"飞龙在天"。

【七律】悼诗友伟滨
作者：吴晔
飞龙归去入虚空，愿与安禅兜率宫。
一世英才天也妒，今生永别梦难通。
曾遗墨宝收藏久，尚有文章刊印中。
从此悲秋添意绪，萧萧落叶动西风。
注：伟滨网名飞龙

【少年游】忆飞龙伟滨
作者：陈鹃
忽传惊雁破清秋。霜叶坠空楼。杯空茶冷，诗残琴断，身赴向西州。
尘灰不改书生面，侠梦少年游。语貌含羞，壮词慷慨，风骨自长留。
注：诗友唐伟滨，笔名飞龙。性磊落，有肝胆。今渺然西去，做此词以记。

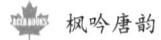

【少年游】悼记诗友唐伟滨先生
作者：罗晓军

飞龙远去叩仙门，消息冷秋魂。风悲侠士，雨咽故友，墨迹泣黄昏。

少年游过如斯快，旧曲妙音真。谁念生离，对吟唱和，清韵落遥尘。

注：我一直称伟滨为飞龙大侠

【少年游】悼记唐伟滨先生
作者：郑林芳

金秋正欲赏丰盈，果熟菊欣荣。西风忽过，华英霎堕，平地一雷惊。

才高自许堪量斗，还记那年争。调弦放歌，激扬文字，音貌已深铭！

【望远行】悼诗友伟滨
作者：罗红雨

噩耗惊闻泪欲倾，英才天妒恨难平。当年剑气动星衡，今朝云辔返瑶京。

诗犹在，雁空鸣。夜台谁共玉山盟？寒泉遥酹沃沧溟，松风长作海涛声。

【如梦令】送好友飞龙
作者：桑妮

惊悉飞龙归去，涕泪瞬飞如雨。遗韵化星辰，隐入浩穹深处。
何故，何故，不在世间多驻？

【鹧鸪天】悼亡诗友飞龙
作者：姜国娟
秋色霜天夜未央，英才梦断骤风凉。飞龙九驾离凡世，诗意三生留暗香。
辞众友，访仙乡。徒留俗子各哀伤。仙乡若得词千阙，莫笑红尘苦奔忙。

【七律】痛悼飞龙贤弟
作者：杨延颖
愁云黯黯蔽长空，忍报文星归紫宫。
长忆与君来往事，屡思怜我唱酬通。
千行锦字留天地，一片冰心映日红。
谁道弟踪无处觅，桂华清驻月明东。

【七绝】悼诗友唐伟滨
王瑞文敬呈
忽报飞龙驾鹤翔，魂惊动地断人肠。
英才总是被天妒，但得诗魂绕故堂。

一词一句总关情
——记芸香雅舍2018年夏日小聚

荣丽玮

如果你对古诗词感兴趣，一定会注意到在蒙城活跃着"芸香诗社"这样一个女子创作团体。芸香的诗词创作遵循"加拿大魁北克中华诗词研究会"的标准：格律诗采用【平水韵部】，填词采用【词林正韵】的韵脚。从2016年创建至今，芸香每周都有数人的作品。

芸香诗社的诗词作品在《华侨新报》的【诗坛】专栏中发表，吟咏唱和，怡情自勉。"加拿大魁北克中华诗词研究会"网站上也为芸香的姊妹们开设了个人诗歌主页。

芸香的大姐马新云，是《华侨新报》【紫云说词】专栏的作者，一期一词，坚持数载。每期讲解诗词创作体会，普及诗词常识，为大家所熟知。二姐陆蔚青，是知名作家，写起古诗词来，灵动飘逸，造诣颇高。另有姊妹十数人，或为魁北克华人作家协会成员，或活跃在民乐团，旗袍会，汉服社，聚八方贤才，始有芸香。芸香以姊妹为主体，却常被男嘉宾"踢馆"。芸香请来二位领题男嘉宾，唐伟滨常常挥洒一篇，抛出来即刻引起众人围观。如字数最长的词牌《莺啼序》，又如字数倒数第二长的《戚氏》，却嵌了五十六个"春"字，记录无人能破。彭钧铮潜心入古，勤耕绝句，又时常领题应和，引发讨论，制造一个又一个热点话题。

芸香诸子推敲集律，朝夕清吟都是在日常琐碎之余，有微信群名为"芸香雅舍"，有群规曰：

枫乡阔地，盟结汉魂。诗词唱咏，歌赋缤纷。
谦谦自勉，历历耕耘。雕琢不倦，教诲互存。
征鸿足迹，青衿气氛。春秋漫卉，南北隽文。
芸台雅舍，风雅佳人。心融香草，集律情真。

大家文字上相见，倾心已久，却彼此不识庐山真面目。王薇首倡芸香聚会，得到大家的积极响应，纷纷在群中接龙报名。罗晓军推荐了聚会的地点，在 Vaudreuil-Dorion 市的 La Maison-Valois 河畔公园。聚会的策划人，方琳达更是联络蒙城著名导演、摄影师张岩，要为这次聚会留下一个美好的回忆。

7月21日，外子开车，载着家人来到这个河畔公园，远远看到有数人在摆设茶座，其中更有身着汉服的年轻女子。虽不相识，心中却了然。及到了近前，先通芸香名号，果然不错。于是众人纷纷摆上自备的菜肴，一边却是要把熟知的名字和眼前的人对上号。

晓军姐的茶座首先开张。一杯清茶在手，一段古乐响起，这个盛夏的午后忽然变得清幽起来。摄影师张岩和大家见面，开始了这次聚会的重头戏之一：为芸香诸子及家人留影。"永远的么妹"李若竹是汉服社成员，此次带来了数套汉服；宋兰被抓来做化妆师；马新云大姐的古琴，方琳达的月琴、中阮，王薇的线装书被摄影师征用成为芸香诸子的道具；唐伟滨全程为大家打反光板，更由此而填《行香子》一阕，作为芸香的领题，此为后话。真可谓：岸芷汀兰，碧满湖塘。锦衣团扇，歌舞徜徉。

饭后，芸香诸子不约而同来到茶座前。话题以茶开始，却渐渐集中在芸香的创作和诗词普及的问题上。芸香诸子自身需努力提高，一方面要坚持创作，一方面读书讨论，并将广撒英雄帖，邀请各方俊彦参与芸香的诗词讲座。谈到诗教，众人一致认为对二代移民进行诗词常识的普及和推广是重点也是难点。芸香愿与各位有心人携手，为本地华裔子女的文化认同尽一份心力。摄影师张岩是蒙城知名话剧导演，也谈了他对话剧表演的心得和实践经历。中西方文艺创作的异同在这里有了一次小小的碰撞。

晚霞漫天。方琳达的小提琴声中，大家来到河边，只见蒹葭初成，睡莲清幽，望之暑气全消。摄影师为笑靥如花的芸香诸子拍了全家福。光与影的交织中，最难忘这如花美眷，似水流年。此正是：

一山一水客边城，一叶一花论茗烹。

一戾一盈常笑看，一词一句总关情。

2025年11月修改稿

有一种诗情画意叫芸香

王薇

遇见芸香之前,我喜欢宋词很多年了,买了不少相关书籍。那些反复读过的优美字句,偶尔会飘过脑海。大约两年前,尝试着填宋词,仅限于送给朋友看。偶然的一次机会,在一个微信群里看见一则关于宋词和评论的帖子,觉着写得很有功底,就和贴子的人聊了聊。这以后,就开始了那诗情画意的芸香之旅。

而这个她,就是芸香诗词雅舍的领头人,大姐马新云,她也是魁北克诗坛的资深诗人和评词人。

当时,她对我说:你用词挺老道的,但是平仄格式不对。洋洋自得的我,不由得一个踉跄。她真真说到点子上了,龙榆生写的繁体字版《宋词格律》,上面的"++--"的符号,和后面附的平水韵的韵部,犹如天书,我是偷懒按现在的读音去写的。于是,大姐很耐心地发给我她当时学诗词时的材料,又不厌其烦的每次都帮我对照格式,改正里面的失误。

她们有四个姐妹常在一起写诗填词,相互应答着玩,群的名字很英武,叫做:"女子别动队",那是二零一六年的事情。

再后来,认识了魁北克诗坛和严格的坛主卢国才(笔名白墨），那是后话。难得的是，多年来，他们一直坚持着，所有的诗一律按照《平水声韵》，词一律按照《词林正韵》，按照唐诗和宋词的格律。他们也一直热诚地帮助着爱好诗词的后来之人。

在大姐的慧眼下，陆续有姐妹加入群中，大家都是一腔热情的写诗填词，有大姐马新云和四姐吴晔把关挑错，各人绞尽脑汁地挑合适的优美的替代词，有时实在不行，一段都要重新来写，这样的训练，对于诗词的理解运用，对于以后的遣字用词，真是受益匪浅。

过了一段时间，我们觉得不如学前人起个诗社玩，岂不更风雅有趣。于是，经民主投票选出社名"芸香诗社"，微信群名"芸香雅舍"，拟出简要的社规，其实就是玩的规则。开始每个月由一位领题，不管别人写与不写，领题人必须就自己当时的感受写一到两首诗词，大家应和，随意发挥，每个月都收集成册，放在网上与大家共赏。

在我们生活周围，充满了许多的美丽和风情，不过在等待我们那双发现它们的眼睛。而每天里我们奋斗处理的事情很多，常常累得失去了观赏的心情。加上手机的流行，给我们便利也束缚了我们的时间和思维。

因为芸香诗社的社规，每个月至少会有一个人写出或美丽或狂放的诗词，瞧着的人难免会手痒痒起来，心思立刻活动起来。加入雅舍的成员越来越多，大家的作品也越来越好，随兴起了成立诗社的讨论。我们讨论的结果就是以"芸香诗社"为我们的团体命名。

每个人眼里，会有不同的风景，和不同的情怀，我们可以洋洋洒洒地写出来，而我以为，只有在唐诗和宋词的凝缩里，才能够把心底的情怀表现得更加深沉更加浓烈。

芸香的世界里，大家都尽力寻找出自己的时间，寻找到自己的安静角落，翻开书来，打开文档，对照格式，将自己的情绪融化到诗词的天地里。得以片暇，何妨，揽月入怀，对风长啸。

仅仅是因为喜欢，大家聚在芸香雅舍。在这种喜欢里，无需自卑，没有尊贵，喜欢，就是纯粹的喜欢。

我们一起学习，练习，交流着关于诗词的心情，关于诗词的理解。在彼此的挑刺和欣赏里，共同进步，努力提高，希望在诗词里更加尽兴的放飞自我。

我们的芸香，有两位才华横溢的男嘉宾，不时用他们精彩的演绎，赋予芸香更加丰富的性格。

我们的芸香，借芸香护书的意思，不论写得如何，一定是坚守了自己的本心而写的，一直坚守当初喜欢诗词的最初的心意，以谦逊的姿态，倾听、理解、容纳。这是，芸香诗词的风格，这是芸香独有的诗情画意。

2018年7月

www.ingramcontent.com/pod-product-compliance
Lightning Source LLC
Chambersburg PA
CBHW020404080526
44584CB00014B/1174